国际象棋初级

从第一步到checkmate

康 凯◎著

黑龙江科学技术出版社

HEILONGJIANG SCIENCE AND TECHNOLOGY PRESS

图书在版编目（ＣＩＰ）数据

国际象棋初级：从第一步到checkmate / 康凯著
. -- 哈尔滨：黑龙江科学技术出版社, 2023.3
ISBN 978-7-5719-1754-8

Ⅰ.①国… Ⅱ.①康… Ⅲ.①国际象棋 – 基本知识
Ⅳ.①G891.1

中国国家版本馆CIP数据核字(2023)第025446号

国际象棋初级　从第一步到checkmate
GUOJI XIANGQI CHUJI　CONG DIYIBU DAO CHECKMATE
康　凯　著

责任编辑	孙　雯	
封面设计	单　迪	
出　　版	黑龙江科学技术出版社	
	地址：哈尔滨市南岗区公安街70-2号　邮编：150007	
	电话：（0451）53642106 传真：（0451）53642143	
	网址：www.lkcbs.cn	
发　　行	全国新华书店	
印　　刷	哈尔滨市石桥印务有限公司	
开　　本	787 mm × 1092 mm　1/16	
印　　张	10.25	
字　　数	100千字	
版　　次	2023年3月第1版	
印　　次	2023年3月第1次印刷	
书　　号	ISBN 978-7-5719-1754-8	
定　　价	32.00元	

本社常年法律顾问：黑龙江博润律师事务所 张春雨

前　言

　　国际象棋被称为"智慧的体操""人类智能的试金石"。它是世界上最流行的棋类运动之一，也是开展得最广泛、拥有爱好者最多的运动项目之一。它对于培养儿童的意志品质、逻辑思维能力等有着重要作用。

　　现代科学认为，国际象棋不只是脑力运动，还是体力运动。它曾一度被列为奥林匹克运动会正式比赛项目，中国在1956年将国际象棋列入正式体育比赛项目。著名教育家、俄罗斯科学院院士苏霍姆林斯基名著《把整个心灵献给孩子》中提及，学习国际象棋可使思维条理化，促使思想集中，最主要的是增强记忆力。在一项科学研究中，人们把约450个学生随机分成三个组：A组是控制组，进行传统的教学训练；B组在1年级后加入国际象棋课程，C组从1年级起就进行国际象棋的学习。在标准的测试中，C组成绩最好，达标率为81%，B组达标率为62%，A组达标率仅21.46%。这说明，学习国际象棋有利于提升学生学习成绩，因为它作为教育工具，能提升学生的高阶思维能力。

　　经过多年的研究与积累，我将初级知识用科学的方式呈现出来，让儿童和成人都能轻松学习。阅读本书就像旅游一样，读者能很容易地进入奇妙的国际象棋世界。本书教学深入浅出，让初学者学起来轻松、快乐，配套的练习可以激发兴趣，并教会他们正确逻辑的思考方法。本书内容覆盖了初级国际象棋的系统知识，内容丰富，通俗易懂，图文并茂，课后练习部分可以帮助读者进一步掌握本课内容及相关知识。

　　人生如棋，棋如人生。学习国际象棋需要的是恒心和毅力。我从7岁学习国际象棋，我深深地体会到，没有谁的人生是一帆风顺的。从比赛的失利，到棋艺水平的停滞，困难总是接踵而至，我就在这个过程中学习、领悟和成长。国际象棋教会了我执着与追求。只有不气馁、不放弃，才能超越梦想，才能成就辉煌。

　　我相信在人生的道路上，对国际象棋的认识越高，以及对国际象棋的研究越深，越有助于你成为行业的佼佼者，成为对社会有用的高素质人才！

康凯

2023年1月

目　录

遨游国际象棋世界

欢迎来到国际象棋世界！国际象棋是一种二人轮流移动棋子的战略棋盘游戏，率先捉到对手的王的一方获得胜利。让我们一起学习这个历史悠久的游戏，领略它传承千年的魅力！

传承千年，历久弥香

据现有史料记载，国际象棋的发展历史已将近2000年。主流观点认为国际象棋起源于印度，随后经由波斯、阿拉伯传播至欧洲，并在近代风靡全球。1924年在法国巴黎成立了世界国际象棋联合会（FIDE），它是国际象棋领域拥有最高权力的世界性组织，拥有189个成员单位，是世界上第二大单项组织（仅次于国际足联）。国际象棋传承千年，备受世人喜爱。

名人与国际象棋

国际象棋出身于古代的宫廷，在贵族之间流传上千年而不

衰。究其原因，不只是因为它其具有娱乐功能，更重要的是也

同时具有教育功能。专家们很早就发现，国际象棋在熏陶人的教养、造就优雅品质、塑造人的性格、提高竞争力和挫折承受度、获得成就感等方面有独特的功效。因此，在11世纪末，原始的国际象棋传遍欧洲各国之后，很快就被列为骑士教育的"七艺"之一。时至今日，国际象棋在欧美地区都是一项高雅的运动，备受喜爱。很多名人都是国际象棋迷，如列夫·托尔斯泰、契诃夫、普希金、爱因斯坦、歌德、高尔基、拿破仑、伏尔泰等，美国44位总统中有25位喜欢下国际象棋。

中国与国际象棋

1.中国国际象棋发展的里程碑

国际象棋是人对科学、艺术、竞技三者认识的智慧结晶。国际象棋的多功能性影响人们对它的深刻认识。尽管国际象棋有上千年的发展历史，但是世界范围内对其科研价值和教育功能的研究也不过在近六七十年才开始。

1956年，国际象棋被中国体育行政部门列为正式体育竞赛项目。这是国际象棋在中国发展的第一个里程碑。国家的重视

一直是中国国际象棋发展的强大动力。

1978年，中国首次派代表队参加国际象棋奥林匹克世界团体锦标赛。这是国际象棋在中国发展的第二个里程碑。从此，中国国际象棋开始了走向世界的奋斗历程。世界也是从这里开始认识中国国际象棋。

1986年，中国国际象棋国家集训队正式建立，这是国际象棋在中国发展的第三个里程碑。由中国国际象棋协会主席陈祖德亲自组建的国际象棋国家集训队，为中国国际象棋蓬勃发展创造了良好条件。特别是在女子国际象棋领域，涌现出一批具有世界顶尖水平的人才。国外国际象棋专家不止一次地感叹，中国的国际象棋训练环境十分理想、优越。

1991年，谢军荣获女子世界冠军，成为了棋史上第七位获得此称号的女棋手，打破了俄罗斯长达41年、欧洲长达64年对国际象棋女子世界冠军称号的垄断。从此中国国际象棋在世界舞台上不断展示着中华民族的聪明才智。这个来之不易的世界冠军大大提高了国际象棋在中国棋类运动的地位，也推动了国际象棋在中国的迅速普及。这是国际象棋在中国发展的第四个里程碑。

1998年，中国女队获得国际象棋奥林匹克世界团体锦标赛冠军。这是国际象棋在中国发展的第五个里程碑。标志了中国

女子国际象棋的整体实力达到世界领先地位。

2001年2月23日，教育部和国家体育总局联合下发《关于在学校开展"围棋、国际象棋、象棋"三项棋类活动的通知》。这是国际象棋在中国发展的第六个里程碑。《通知》明确提出"三棋"进学校的三个"有利于"：在学校积极倡导棋类活动，有利于青少年学生个性的塑造和美德的培养，有利于培养学生独立解决问题的思维能力、操作能力，有利于提高学生的文化素质。

2.中国国际象棋拥有重要地位

国际棋联公布了2020至2021年度国际棋联教练员奖的获奖者。来自中国的叶江川、谢军和倪华三人榜上有名。国际棋联训练员委员年度奖项旨在表彰国际象棋领域的人才。

卡尔谢拉泽奖

倪华凭借在女子竞赛领域的突出贡献，获得"卡尔谢拉泽奖"。

自2016年以来，倪华一直担任居文君的教练，2020年女子世界冠军赛期间，倪华的祖母去世，为了不影响居文君比赛，倪华没有将自己的悲伤流露出来，也没有回国参加葬礼，而是留在赛场，帮助居文君成功卫冕棋后头衔，展现了一名优秀教练的执着与担当！

拉祖瓦耶夫奖

谢军凭借在基层教育的特殊贡献以及对社会的影响，获得"拉祖瓦耶夫奖"。

谢军是第一位来自中国的世界冠军，也是中国第三位特级大师（Grand Master，简称GM）。她被称为中国国际象棋的英雄，为中国和亚洲地区推广国际象棋做出了突出贡献。2004年7月，谢军成为国际棋联高级教练。

彼得罗相奖

叶江川凭借为国际象棋教育领域做出的特殊贡献，获得"彼得罗相奖"。

叶江川17岁才开始学习国际象棋，仅三年后就成为了中国国际象棋全国冠军。2000年成为中国国家队总教练后，叶江川参加比赛的次数逐渐减少。2005年，叶江川成为国际棋联高级教练。叶江川的执教经验对于中国新教练培训具有较高价值。

2021年国际棋联开设中文微信公众号服务，旨在为全球华人设立一个更好的信息沟通交流平台。不远的将来，国际棋联官网页面也将推出重要内容的汉语页面，必将推动国内的国际象棋普及和快速发展。

3.中国或将迎来首个男子个人世界冠军

2022年7月5日，国际棋联世界冠军候选人赛在西班牙马德

里结束，俄罗斯棋手涅波姆尼亚奇以9.5分获得冠军。中国棋手丁立人最终以4胜8和2负积8分的成绩排名第二。这是他三次参赛成绩最好的一次，同时也是中国男棋手向个人世界冠军冲击的历史最佳成绩。

丁立人凭借排名世界第二的等级分（2806分）入选。与他同场竞技的，有上届候选人赛冠军、俄罗斯的涅波姆尼亚奇和2018年候选人赛冠军、美国的卡鲁阿纳，伊朗裔法国棋手、大瑞士赛冠军菲罗贾，国际棋联大奖赛冠军、美国的中村光等。8名参赛棋手通过双循环共14轮比赛的角逐，争夺向现任世界冠军、挪威卡尔森挑战的资格。

强者总是幸运的，现任国际象棋世界冠军卡尔森发表公开声明，称他将放弃卫冕。根据目前国际棋联的规程，将由候选人赛第二名递补。这意味着中国棋手丁立人将与俄罗斯棋手涅波姆尼亚奇将在2023年国际象棋世界冠军赛上争夺棋王头衔。中国男子国际象棋选手第一次有机会冲击世界冠军宝座。

第一课
认识棋盘和棋子

第1讲　棋盘与棋子

国际象棋历史悠久，传说古印度有个国王，觉得自己很聪明。有一天来了一位老人，带着自己发明的游戏——国际象棋来拜见国王。

国王很喜欢，和老人连下了三天三夜。第四天早上，高兴的国王准备奖赏老人。于是对老人说："你可以得到任何想要的东西。"老人指了指棋盘，对国王说："陛下，请您下令在棋盘的第1格上放1粒小麦，在第2格上放2粒小麦，在第3格上放4粒，后面每格都增加一倍，直到第64格为止。"国王心想：不过是摆满一张棋盘，这太简单了！想不到一袋小麦很快就用完了。没过多久，小麦便堆积如山，但是离64格还差得很远呢。骄傲的国王，只看到了下棋的乐趣，却没有看出老人的智慧和棋盘的奥秘。这就是关于国际象棋64格的古老传说。

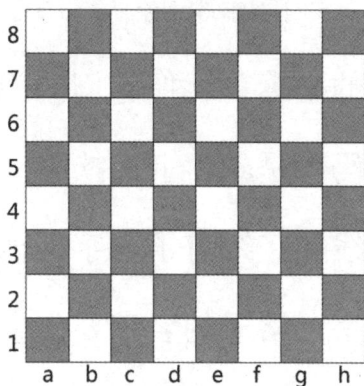

国际象棋棋盘

国际象棋的棋盘，是个正方形，一共有64个小方格。由32个深色和32个浅色方格交替排列组成，棋子们就在方格里活动。不同颜色的棋格交替排列在一起，就形成了"横线"和"竖线"。棋盘中，一共有8条横线和8条竖线。除此之外，还有沿对角串连的26条斜线。

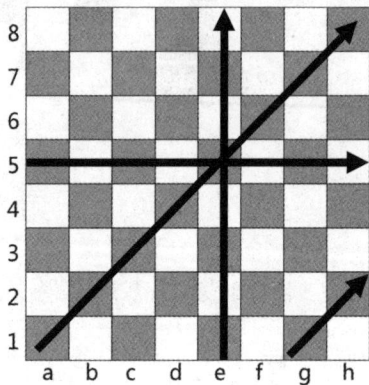

国际象棋的棋子，分为白棋和黑棋。规则是白方先行。8条横线，分别用阿拉伯数字1、2、3、4、5、6、7、8来标记；8条竖线，分别用拉丁字母a、b、c、d、e、f、g、h来标记。

国际象棋中，每个小方格，就像一栋小房子，字母和数字的坐标，就像它们的门牌号。比如左下角第一个方格，它的号码就是a1，上面挨着一格就是a2、b2等。需要注意的是：当横线和竖线有了名字，他们交叉形成的每个格子就有了自己的名字。格子的名字要先说字母再说数字，要按坐标顺序，字母由左向右排，数字由下向上排！

小贴士

下棋时，要注意白方左下角是a1，这样棋盘位置就不会错了。

思考：你能找到b4格在哪里吗？它是黑格还是白格？

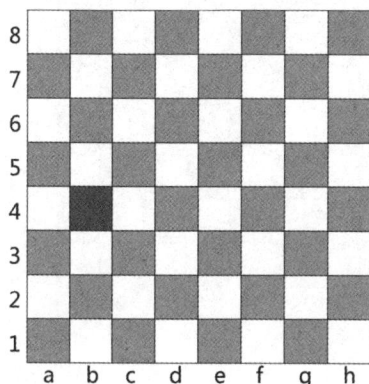

回答：它是黑格。

首先，我们先找到b这条竖线，再找到4号横线，它们相连的位置就是b4格，是黑格。

棋盘最中心的4个格叫中心格，简称中心，中心格非常的重要。很多的开局都是先抢占中心，在中心展开争夺和战斗的。

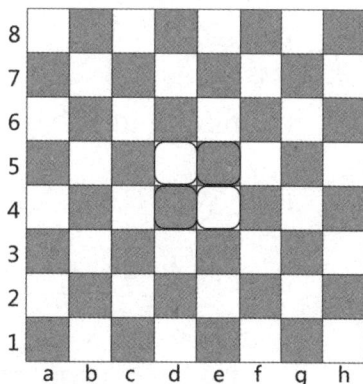

小贴士

从对局的最开始，双方都要抢占中心格，很多棋子占据中心后可以控制更多格子，占领了中心位置就是获得了战略优势，可以拥有更好的局面。

1线和8线叫底线，2线和7线叫次底线；a线和h线叫边线。

小贴士

棋子尽量不要走到边线或底线，因为那样棋子将失去很多活动范围。

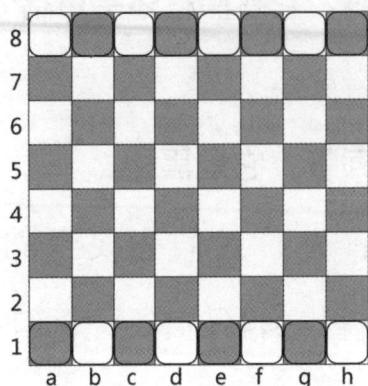

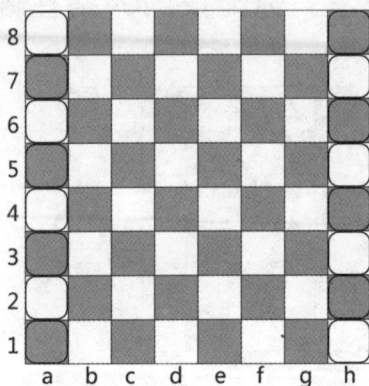

a、b、c、d四条直线构成的区域，是初始局面中后所在的一侧，叫后翼。

e、f、g、h四条直线构成的区域，是初始局面中王所在的一侧，叫王翼。

d、e两条竖线位于棋盘的中心，又叫中心线。

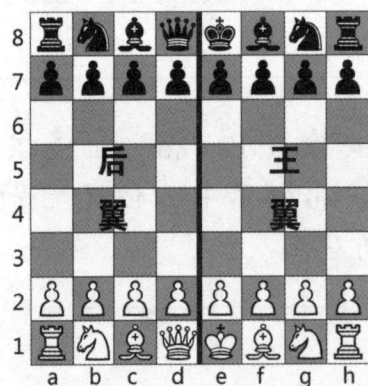

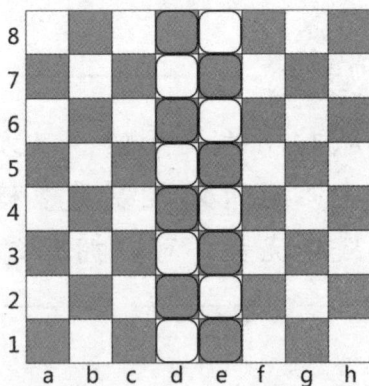

国际象棋棋子

国际象棋与其他棋类游戏一样，每个棋子都有不同的战斗力，就拿中国象棋来说，马走日、象走田，有规定的格子，而国际象棋走的是格数，不同的棋子行走的格数也是不同的。在国际象棋中，我们通常依据棋子战斗力的大小，把马和象称为"轻子"，把后和车称为"重子"。又依据不同的火力特点，把后、车、象称为"长兵器"，把马、兵、王称为"短兵器"。

国际象棋对弈中，不可避免要进行棋子兑换，因此我们需要掌握每个棋子分值。下面介绍下每个棋子的分值和控制范围：

兵最多控制2个格子，分值为1分。

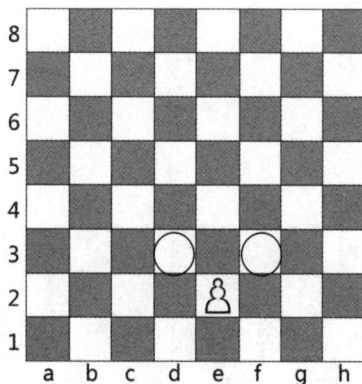

马最多控制8个格子，分值为3分。

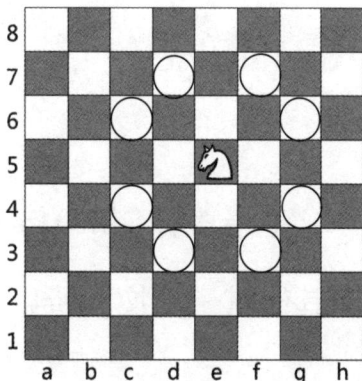

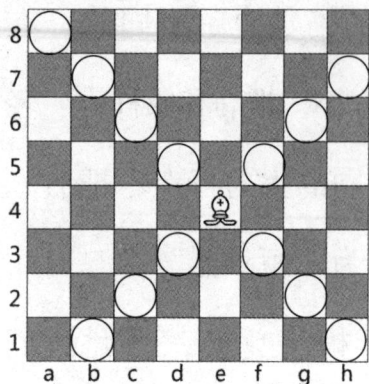

象最多控制13个格子，分值为3分。

车最多控制14个格子，分值为5分。

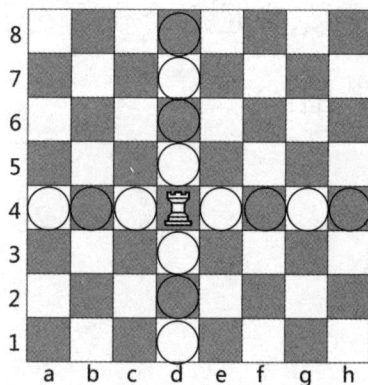

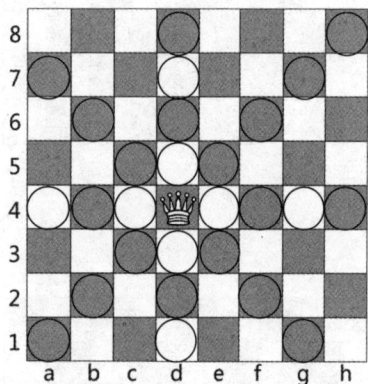

后最多控制27个格子，分值为10分。

王最多控制8个格子，但因为无法和其他棋子交换，所以是无价之宝。

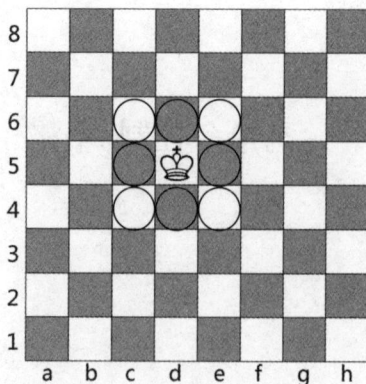

在大多数情况下，要按照棋子的分值去交换子力。但是随着局面的发展，会发生一些变化，具体影响因素：如封闭局面、开放局面、兵型因素等，在特定情况下，车甚至比后更有作用，兵的作用会超过马的现象。马与象的分值虽然一样，但同样根据不同的局面发生变化，有时马强于象，有时象强于马。如，双象可以轻易将死王，但一象一马却要难得多，而双马通常是不能够将死对方的王的。

下面将国际象棋棋子分值阐述如下：

轻子象与马，其实力基本持平。象或马相当于3个兵。

（马或象=3个兵=3分）

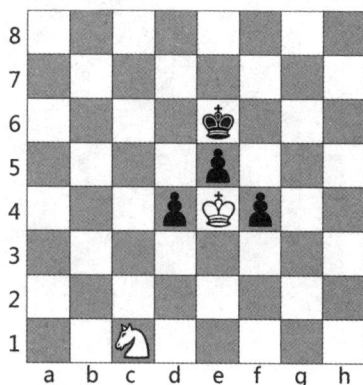

车的战斗力相当于5个兵，相当于1个轻子 + 2个兵。

（车=象+2个兵=5分）

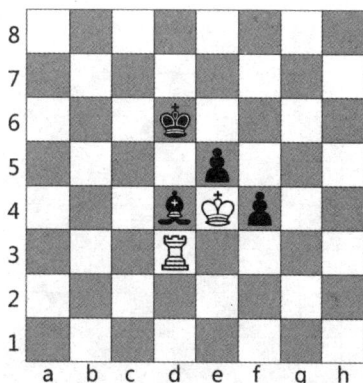

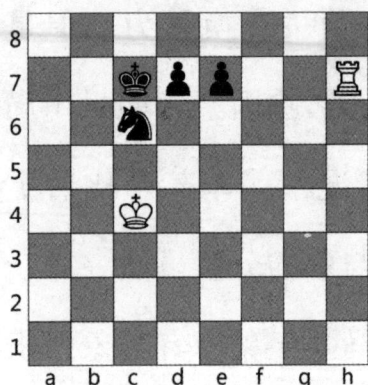

（车＝马＋2个兵＝5分）

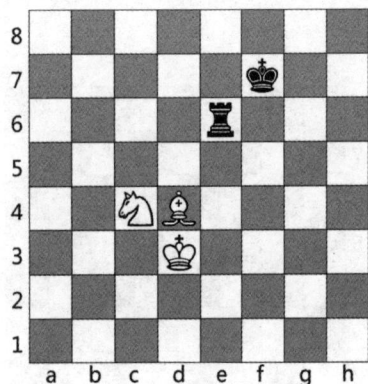

如果是2个轻子，子力价值是要大于1个车的。如果一方以一轻子兑换一车，自然是赚了便宜。

（马＋象子力价值＞车）

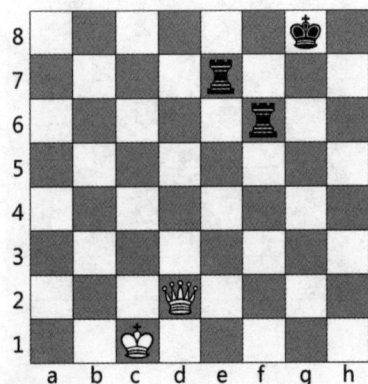

后的实力被认为相当于2个车。

（后比较灵活，2个车需要协同作战，局面均等）

2个车相当于3个轻子。

（不同局面区别较大，2个象+1个马稍优于2个车）

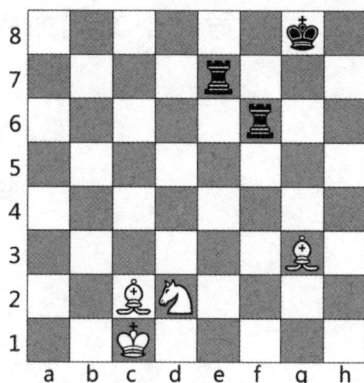

1个车与2个轻子强于1个后，但1个后与1个车、1个轻子加1个兵的实力相等。

（1个车+2个轻子配合威力很大，白方局面优势）

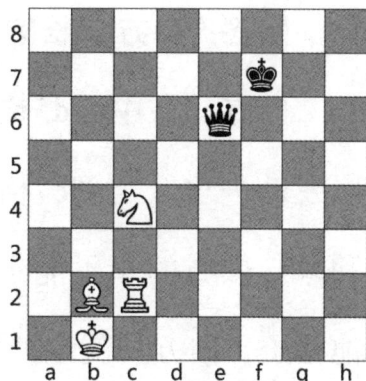

后在棋盘中，走法最灵活，常常有将军的机会。

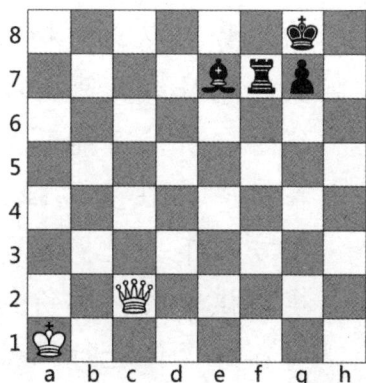

思考：下面局面中，白方怎么走可以获得子力优势?

回答：白方d5格的马走到c7格。

白方马在中心d5格，占据了有利的位置，此时白方的马可以发动进攻，走到c7格，这样白方的马可以同时攻击黑方的车和象。黑方的车不能走到e8，白方马可以直接吃掉，若走到其他格子，白方马就吃掉黑方e6象，获得子力优势。

小贴士

每个棋手在分析局势、对比实力以及进行子力兑换时，都需要先进行计算和评估。各种不同棋子的实际价值，依其所占空间位置、与其他棋子协同作战的关系及局面形势，以及对局经历的阶段，会发生实际的差异。比如兵冲到底线就可升格为后、马、车、象之一，当它接近底线时，价值可能明显升高数倍。象有好象与坏象之分，马在中心比在盘边强，中心铁象、铁马的阵地优势常逼迫对方用车去兑换它，在残局中异色格象比同色格象容易和棋。棋子的实际价值是变动价值。想要成为高手，就需要对各种变化进行预估和判断，从而获得有利形势和局面。

第2讲　棋子的摆放

国际象棋的棋子分为两种颜色：浅色棋子称为"白棋"，执白棋的棋手称为"白方"；深色棋子称为"黑棋"，执黑棋的棋手称为"黑方"。

下图中展示的是部分白方棋子的初始位置，从左到右依次是：车，马，象，后，王，象，马，车。

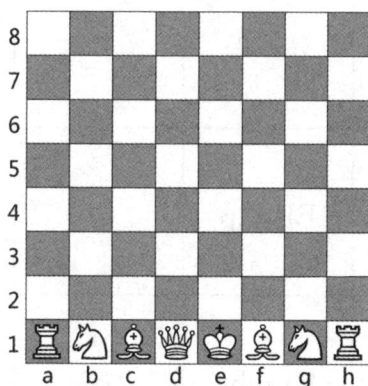

国际象棋一共有6种棋子，双方各有16枚，合计32枚棋子，6种棋子分别是：车，马，象，后，王，兵。

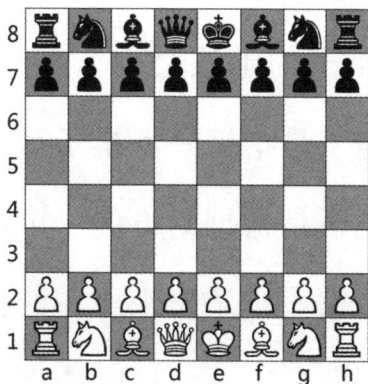

棋子中文名称	棋子简图	英文	英文缩写（代码）	意义	各方棋子数量
王	♔	King	K	国王	1
后	♕	Queen	Q	王后	1
车	♖	Rook	R	战车	2
象	♗	Bishop	B	主教	2
马	♘	Knight	N	骑士	2
兵	♙	Pawn	P	小兵	8

在正式讲每个棋子的走法之前，要先明确两个行为的概念：走子与吃子。走子是指把一个棋子从原来的格子转移到一个新的空格子上。吃子是指把对方的一个棋子从棋盘上移除，并用己方进攻棋子占据该棋子原来所在的格子。注意：己方棋子不能用来吃己方棋子。

国际象棋摆棋要循序从两侧到中心，最后摆小兵。

1.双方各有2个车，他们分别在角落里

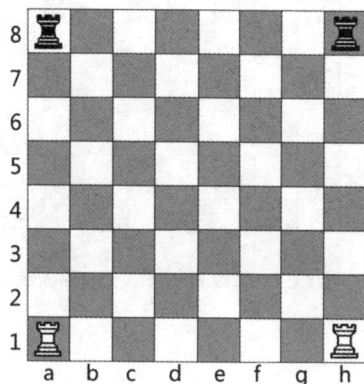

2.双方各有2个马，他们紧挨着车

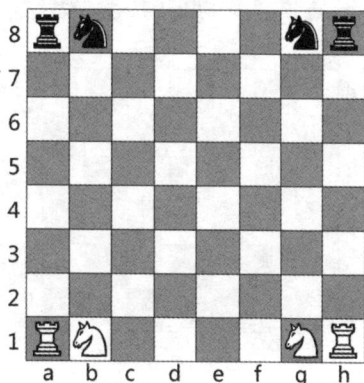

3.双方各有2个象，他们紧挨着马

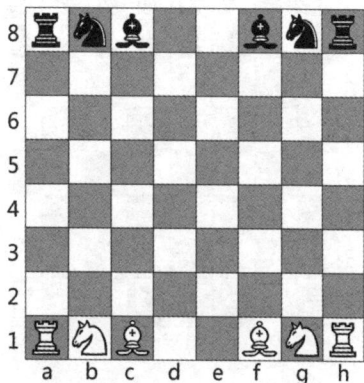

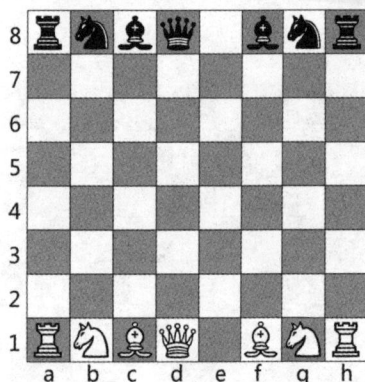

4.白后放在白格，黑后放在黑格

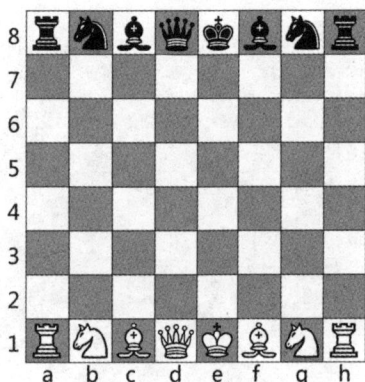

5.双方底线各剩下一个格子，这是双方的王的位置

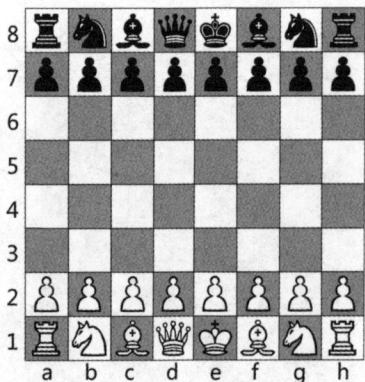

6.最后，双方把各自8个小兵摆放在刚才摆好的己方棋子的前面

小贴士

在一些正式比赛中，也存在把后和王摆错的现象，所以要记住：黑后永远在黑格里，白后永远在白格里。

思考：下面棋盘中棋子的摆放正确吗？

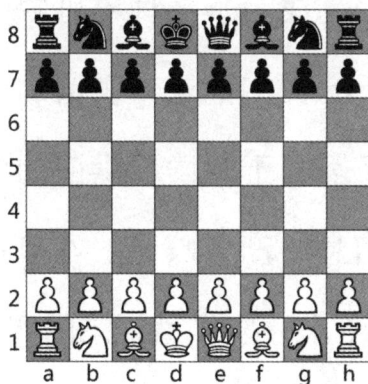

回答：不正确，其中双方后和王位置摆反了。

这是很多初学者经常出现的错误。

可以用顺口溜来记忆："白后放在白格，黑后放在黑格，留下一格给国王。"这样就不会出错了。

第3讲　棋谱的记录

国际象棋的棋谱记录方法有很多种，后来有一种既简单又不容易让人误会的方法成为了国际标准。为了更好地学习国际象棋，只知道规则是远远不够的，我们不仅要学习大师们下过的精彩对局、阅读国际象棋书籍，还要复盘自己下过的对局，所以阅读和记录棋谱就成为了一种不可缺少的操控能力。棋谱是记载对局如何进行的文字记录。棋谱的内容不能太烦琐，否则既不方便记录，又不利于阅读。棋谱的内容也不能太简单，否则容易漏掉重要信息，产生歧义。本节将要介绍棋谱记录规则，并结合实战对局给出一些棋谱记录的实例，方便大家理解与记忆。

古代棋谱记录

古代的棋盘是按照后翼和王翼来划分的，左边a，b，c，d为后翼，e，f，g，h为王翼，后翼的棋子是用Q+棋子代码表示的，比如QR是代表Queen Rook，实际表达就是后翼车这个棋子；再比如王在王翼，表达王这个棋子是用K，那么KB就是指王翼象。棋子的代码加上棋盘的坐标，而且古代的棋谱中的兵是要写明的，比如PK4，是表达兵走到e4的意思。总体而言，这种棋谱记录方法比较烦琐，后来世界上统一了棋谱的记录方式，就是我们说的现代棋谱记录方法。

后(Q)　王(K)
后翼象(QB)　王翼象(QB)
后翼马(QN)　王翼马(QN)
后翼车(QR)　王翼车(QR)

后翼　王翼

后翼车(QR)　王翼车(QR)
后翼马(QN)　王翼马(QN)
后翼象(QB)　王翼象(QB)
后(Q)　王(K)

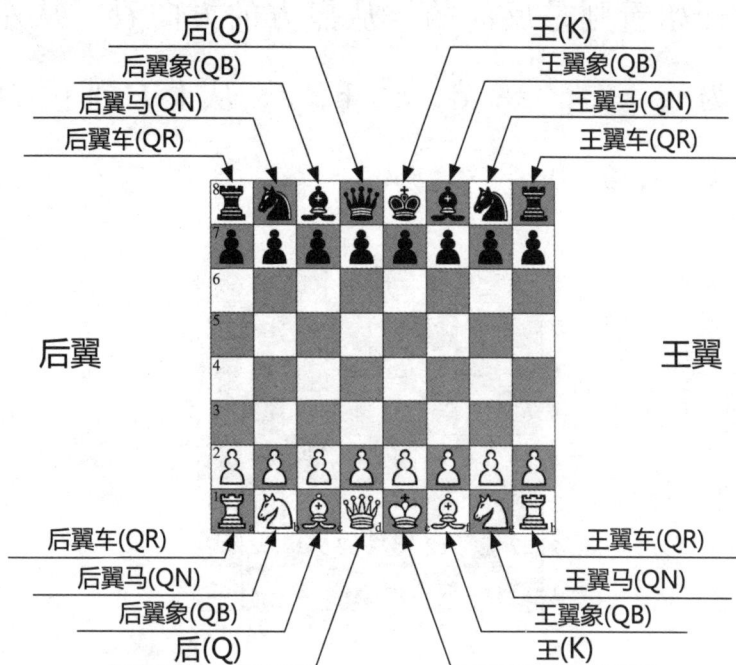

现代棋谱记录

简而言之，只记录某个棋子从什么位置走到什么位置。首先我们复习一下棋盘坐标，它的表示方法为"横向"和"竖向"叠加。在这种记录方法中，棋盘上的每个格子都被取了名字，它们的名字由一个字母和一个数字组成。从白方的方向看格子，由左到右用字母表示为a、b、c、d、e、f、g和h，从下方到上方则为1、2、3、4、5、6、7、8。这样，白方的左下角的格子就叫a1，而右上角就是h8。需要注意的是，横向的字母顺序都是以白方为准从左至右，黑方若从自

己的左下开始看则是反向的。从黑方的方向看，从左到右用字母表示为h，g，f，e，d，c，b，a，从上方到下方则为8，7，6，5，4，3，2，1。

8	a8	b8	c8	d8	e8	f8	g8	h8
7	a7	b7	c7	d7	e7	f7	g7	h7
6	a6	b6	c6	d6	e6	f6	g6	h6
5	a5	b5	c5	d5	e5	f5	g5	h5
4	a4	b4	c4	d4	e4	f4	g4	h4
3	a3	b3	c3	d3	e3	f3	g3	h3
2	a2	b2	c2	d2	e2	f2	g2	h2
1	a1	b1	c1	d1	e1	f1	g1	h1
	a	b	c	d	e	f	g	h

除了棋盘固定坐标之外，棋谱是用棋子代号+棋盘坐标的方式。比如马，也叫"骑士"，"骑士"在英文中是"Knight"，所以"马"简称"N"（因为"王"是"King"，避免重复）。国际象棋6个棋子对应的英文如下：王（King）、后（Queen）、车（Rook）、象（Bishop）；马（Knight）、兵（Pawn）。除兵外，每种棋子用一个英文字母来表示：K代表王、Q代表后、R代表车、N代表马、B代表象。兵则不用字母表示。

棋子中文名称	棋子简图	英文	缩写代码
王	♔	King	K
后	♕	Queen	Q
车	♖	Rook	R
象	♗	Bishop	B
马	♘	Knight	N
兵	♙	Pawn	无代码（实际上是用所在竖格的符号）

想象一下两名棋手对弈时的场景吧。一名棋手从棋盘上拿起一枚棋子，随后放在了自己选好的格子里。这样，一步棋就完成了。首先，需要把握两个关键的信息，即"哪个棋子"和"放到哪里"。本书将"哪个棋子+放到哪里"称为棋谱记录的基本事项。

例：Kf1 （王到f1格）

"放在哪里"用目标格子的坐标来表示。在第2讲中，我们已经学习了棋盘上格子的坐标表示方法，每一个格子都有属于自己的坐标，我们再来复习一遍。

　　"哪个棋子"的记录则稍微复杂一点儿。在记录具体是哪个棋子发生了移动之前，我们先要记录这个棋子的种类是什么，用其对应的英文缩写代码来表示。棋子种类对应的英文缩写代码，在这之前已经讲过。

　　那么问题来了，因为同种类的棋子可能有多个，只记录棋子种类并不能确定到底是哪个棋子，我们该如何进行区分呢？

　　首先，目标格子的坐标往往会给我们提示。如果只有一个某种类的棋子能够到达目标格子，那么只记录这个棋子的种类就足够锁定这个棋子了。

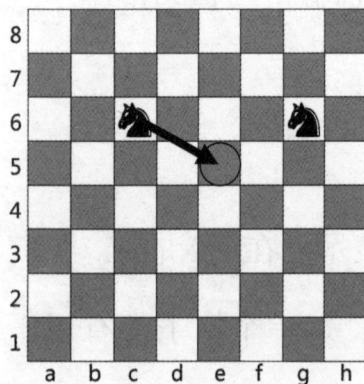

　　如果有多个同种类的棋子能够到达目标格子，我们通过在棋子种类后添加上这个棋子出发前所在位置的横坐标或纵坐标来区分。

图中箭头表示的走法，正确的棋谱记录为"Nce5"或"N4e5"。

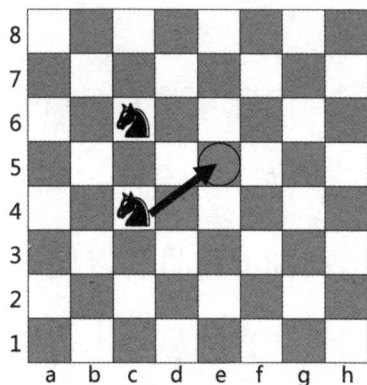

在某些情况下，甚至需要同时添加横纵坐标来区分。

图中箭头表示的走法，正确的棋谱记录为"Qc6e4"。

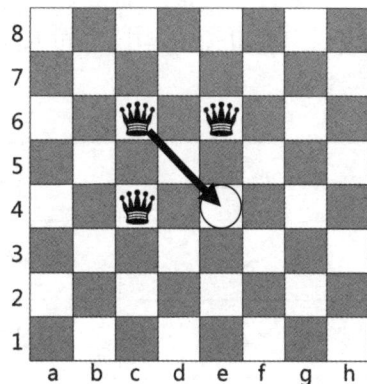

完整的记谱法是先写棋子的字母，再写由哪格走到哪格，例如Ng1-f3，表示马由g1格走到f3格。简略记谱法是只写目的地，不写来源地，如Rd3，表示有车走到d3格。当有两个同在一行或一列同种棋子可以到达同一个目的地时，则需要写出来源地的行或者列，如Rad3。

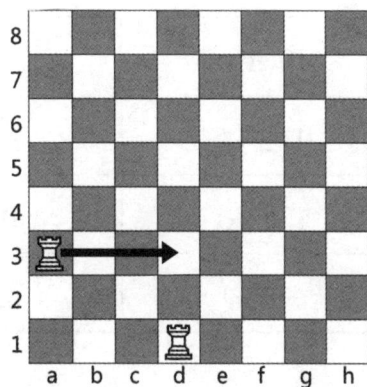

国际象棋符号

国际象棋符号就是国际象棋语言，用符号来表达每一步棋的含义，当我们比赛做记录或者复盘分析时候，我们可以在棋谱后面加上符号，以便日后分析和掌握新的策略，避免可能会犯的错误。在你赢得比赛的那一步关键招法后，没有任何东西比得上在棋谱上加上惊叹号更令人满意。正式比赛中，由于有棋钟的缘故，有的符号可以简写或者不写。

符号	含义	符号	含义
x	吃子	!	好着
+	将军	!!	妙着
++	双将	?	坏着
#	将死	??	败着
0-0	短易位	!?	有趣的走法
0-0-0	长易位	?!	有疑问的走法
1/2-1/2	和棋	=	升变
1-0	白胜		
0-1	黑胜		

在分析对局时，如果需要对某一步棋的好坏做出评论，可以在这一步棋的棋谱记录的结尾添加上以下几种符号。

符号表示	？？	？	？！	！？	！	！！
含义	漏着	错误	不精确	有趣	好棋	绝妙
变化趋势	坏→好					

棋谱记录纸如下图：

对局分析

The Game Analysis

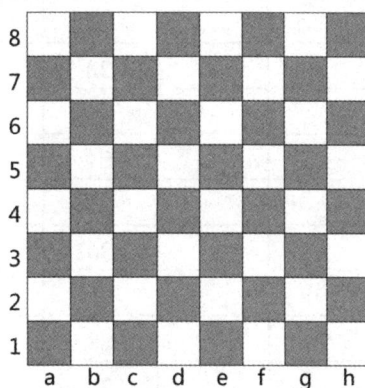

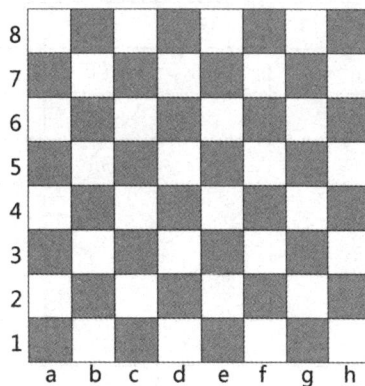

教练评语

The Coach Comment

沉着，冷静，有勇有谋。胜不骄，败不馁。

比赛名称　　　　　　　　比赛地点　　　　　　　对局日期
EVENT ＿＿＿＿＿＿＿ SITE＿＿＿＿＿＿＿＿＿ DATE＿＿＿＿＿＿＿＿
轮次　　　　台次　　　　　　时限
ROUND＿＿＿ TABLE＿＿＿＿ TIME LIMIT ＿＿＿＿＿＿＿＿＿＿
白方□　　　　　　　　黑方■
WHITE＿＿＿＿＿＿＿＿ BLACK＿＿＿＿＿＿＿＿ 胜负
白方用时　　　　　　　黑方用时　　　　　　　　RESULT＿＿＿＿
WHITE TIME USED＿＿＿＿ BLACK TIME USED＿＿＿

回合	白方 WHITE	黑方 BLACK	回合	白方 WHITE	黑方 BLACK	回合	白方 WHITE	黑方 BLACK
1			21			41		
2			22			42		
3			23			43		
4			24			44		
5			25			45		
6			26			46		
7			27			47		
8			28			48		
9			29			49		
10			30			50		
11			31			51		
12			32			52		
13			33			53		
14			34			54		
15			35			55		
16			36			56		
17			37			57		
18			38			58		
19			39			59		
20			40			60		

W:＿＿＿＿＿＿＿＿＿＿＿(sign)　A:＿＿＿＿＿＿＿＿＿＿＿(sign)
B :＿＿＿＿＿＿＿＿＿＿＿(sign)　CA:＿＿＿＿＿＿＿＿＿＿＿(sign)

思考：白方d3马想要吃掉黑方e5兵，那么应该怎么记录棋谱？

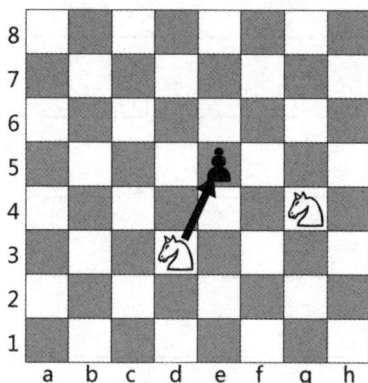

回答：N3xe5。

很多初学者容易出现这样的错误，如直接写"Nxe5"，这样写并不能表达清楚是哪个马吃的兵，需要写清楚是位于d3的马还是g4的马吃的。所以根据马的位置应该写成"N3xe5"或"Ndxe5"。在对弈中经常出现的升变，如白方的b线上的兵攻到了对方的底线（到了b8格），就可以升变成后、车、马、或者象（当然一般都会选择升变成后），通常我们写出b8=Q。如果你的2个车在一条竖线上，如一个在e1上，另一个在e7上，2个车都可以走到e3上，如果走的是e1上的车，就要写成R1e3。

回合与回合数

白方走一步，黑方走一步，共同组成了一个回合。记录一整盘棋的棋谱时，每行只记录一个回合，在每行的最开头要记录回合数，表示这是第几个回合。接下来要先记录白方走的棋，然后记录黑方走的棋，一个回合的记录就写完了。

1 _e4_ _c5_

2 _Nf3_ _d6_

3 _d4_ _Nf6_

4 _____

5 _____

6 _____

7 _____

8 _____

9 _____

10 _____

11 _____

12 _____

13 _____

14 _____

15 _____

16 _____

17 _____

18 _____

19 _____

棋谱记录实例

上面讲了棋谱的记录规则，我们一起来阅读下面的棋谱。可以试着用国际象棋棋盘摆一摆。

1. e4   e5（如果一步棋开头没有大写字母就意味着这一步走的是兵）

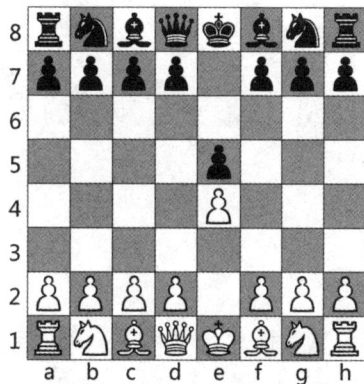

2. f4   exf4（兵吃子的时候要记录兵出发前所在格子的横坐标）

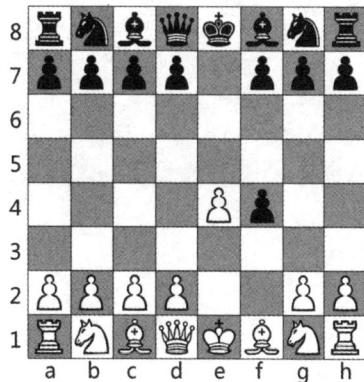

3. Nc3   Qh4+

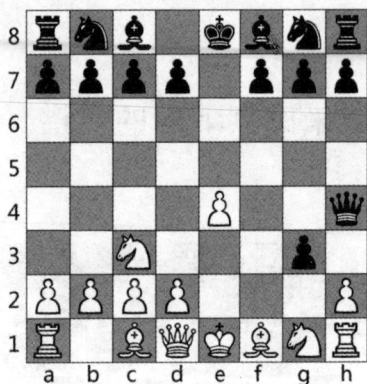

4. g3　fxg3

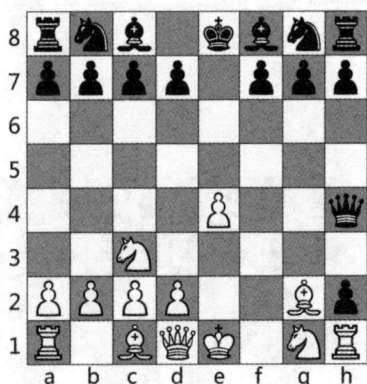

5. Bg2　gxh2+（虽然这一步兵移动之后，并不是兵在将军，而是后在将军，但只要这一步棋导致将军了，就要在记录后加"+"）

6. Kf1　hxg1=Q+（这一步棋看起来非常复杂，我们按顺序看：h线的兵吃掉了g1的马，同时来到了底线并升变成了后，刚刚登场的后立刻将了白方一军。因为整个升变过程是一步棋，所以hxg1=Q写在一起，"+"放在最后）

7. Kxg1　Bc5+

8. Kf1　Qf2#（白方没有选择最顽强的抵抗方式，而是简单地送给了对手一步杀王的机会。复盘时我们可以在第八回合白方的记录后面加上"？？"来表示这是一步臭棋）

第二课

横冲直撞的车

第1讲　车的走法与吃子方法

车，英文名为Rook，双方各有2个车，它是国际象棋中走法和吃子方法最简单的棋子。古代波斯战车的车身往往装饰成带城垛的堡垒形状，棋子在造型上省略掉了轮子，车横冲直撞，就把敌人撞得东倒西歪。传到欧洲时被以讹传讹当成了城堡，不过现在这个棋子已经正名为Rook。

车的走法

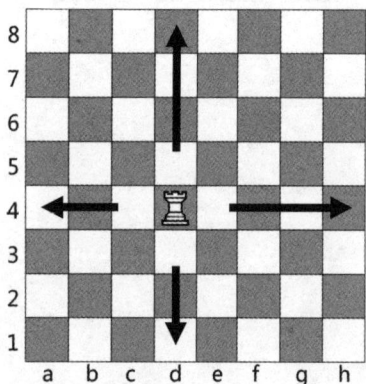

车只能沿着它所在的位置的横向和竖向行走，所在直线没有阻挡的情况下，车一步最少可以走一格，最多可以走到所在直线上最远的格子。需要注意的是，车不能走斜线。在中心格且没有其他棋子阻挡的情况下，车横向能走7个格子，竖向也是7个格子，最多可以控制14个格子。

车的吃子方法

车的吃子方法和走法相同，可以直接吃掉对方棋子。

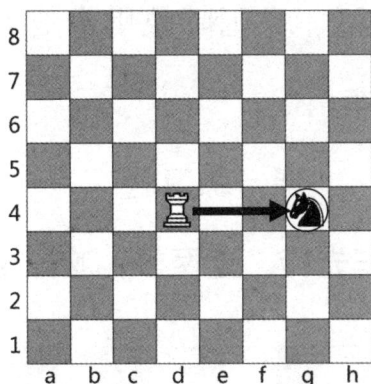

需要注意的是，车不能越过棋子去吃子。

图中，车可以直接吃掉黑象，但是不能吃掉黑马，当白方兵向前移动一格，白车才能吃黑马。

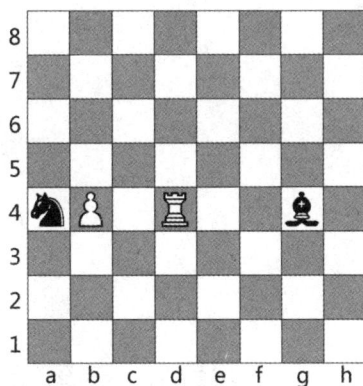

思考：白车用2种方法到达g7格子。

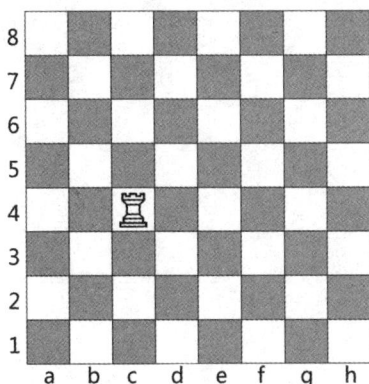

回答：白车可以先走到c7格，然后到达g7格；也可以先走到g4格子，然后到达g7格。

车的走法非常灵活，是国际象棋中威力较大的棋子，车和王配合，可以完成快速杀王。

课堂练习题：

习题1：白车先行，走两步，吃掉全部小兵！

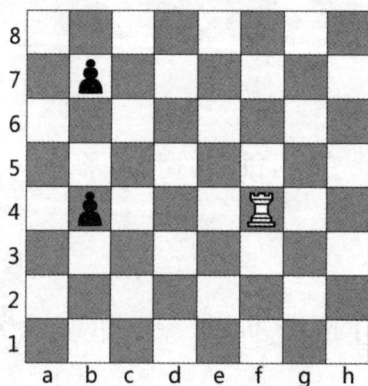

习题2：白车先行，吃掉3个小兵，最少要几步？

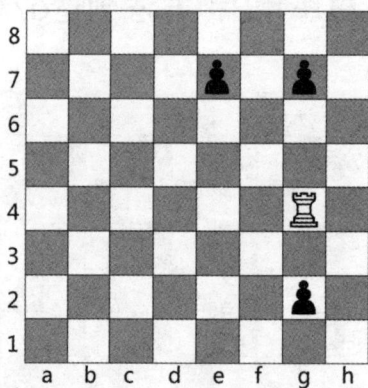

习题3：白车先行，吃掉5个小兵最少用几步？

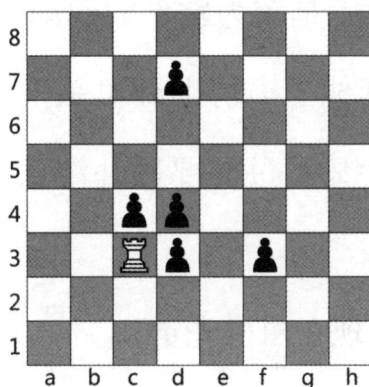

习题4：白车先行，吃掉4个小兵最少用几步？

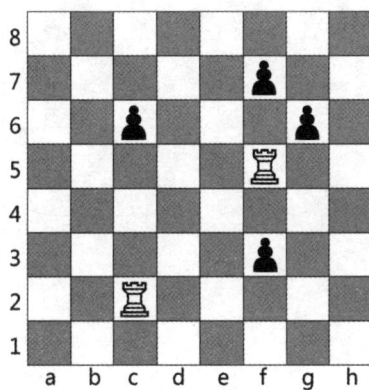

第2讲　双车杀王

国际象棋双车杀王是较为常见的残局，双车杀王是指2个车相互配合，不需要其他子力协助即可杀王。具体杀王的方法和后车交错杀王类似，只不过需要额外注意保护车的安全，不要被对手的王捉到。

请看下图局面，现在白棋先走。

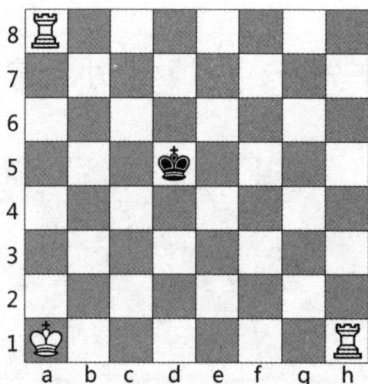

1. Rh4　Kc5

首先需要确定把黑王赶到哪条边线将杀。白方其实可以把黑王赶到任何边线将杀。确定好目标后，我们可以用1个白车控制住黑王向下逃跑的路线。这里黑王的顽强走法是不再靠近底线，并用王威胁另一个车。

2. Ra5+　Kb6

a线的白车从侧面进攻，由于h线白车的限制，黑王不得不向底线靠近一步，同时也威胁白车。

3. Rg5　Kc6

之前a线白车受到威胁，不能走Rh6继续赶黑王，先得让a线白车和黑王保持安全距离。

4. Rh6+　Kd7

黑王掉头回来，目标还是捉白车，但已经来不及了。

5. Rg7+　Ke8

6. Rh8#（如下图）

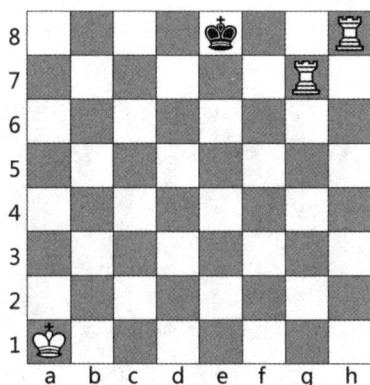

初学者在双车杀王时候，要注意2个车的不同功能，即一个控制，一个缩小范围。尽可能用最少步骤完成将杀，按照上述方法练习，便可熟练掌握双车杀王的全部技巧。

课堂练习题：白方走，完成杀王。

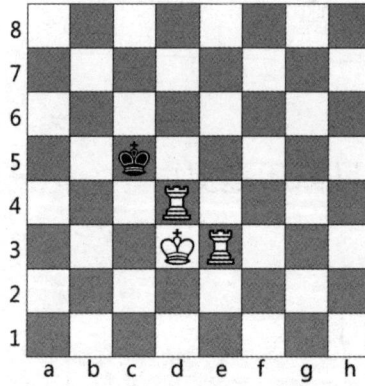

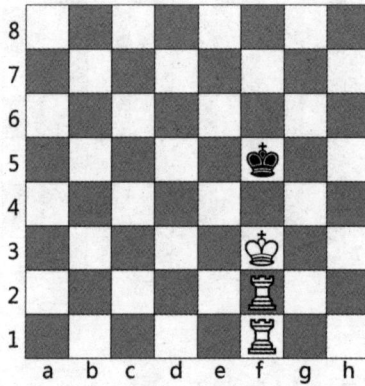

第三课
足智多谋的象

第1讲　象的走法与吃子方法

象，英文名为Bishop，国际象棋中的"象"原指主教，代表欧洲中世纪的一个特权阶层，开局时双方各有2个象，2个象都是一个占白格，另一个占黑格。和中国象棋相比，国际象棋的象更加灵活，全盘皆能走。

象的走法

只能斜走，不能拐弯，走的格数不限，但是不能越过任何棋子，象在中心，最多可以控制13个格子。要注意的是，象分为黑格象和白格象，黑格象只能在黑格里走，白格象只能在白格里走。两个象配合起来，威力非常强大。

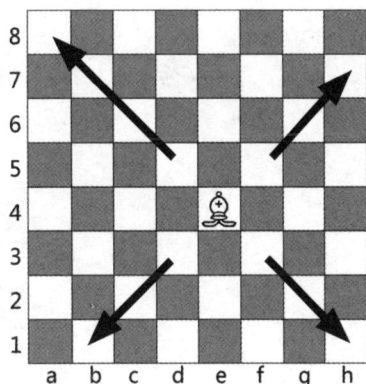

象的吃子方法

象的吃子方法和走法相同，可以直接吃掉对方棋子。

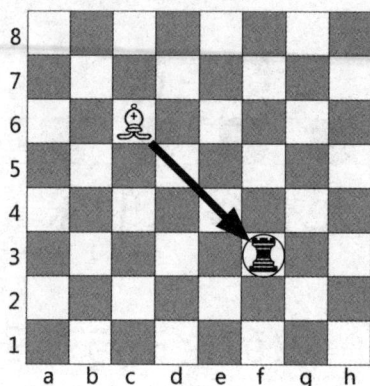

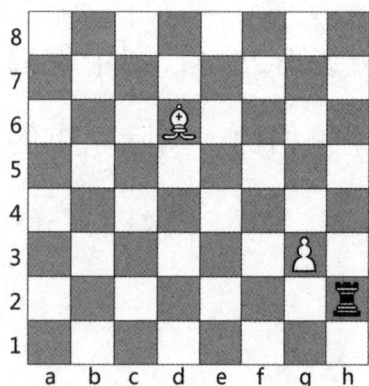

需要注意的是，象不能越过棋子去吃子。

图中，白象不能直接吃掉黑车，需要白方兵向前走一步，白象才能吃掉黑车。

思考：下图中两个象一共可以控制多少格子？

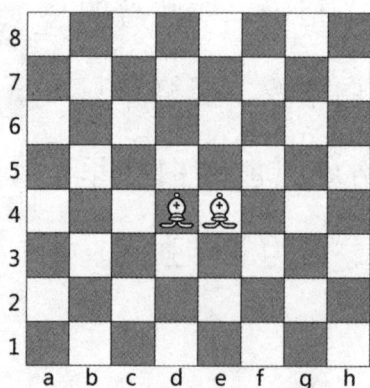

回答：26个。

象是远程进攻的棋子，一个象控制白格，另一个象控制黑

格，合并起来控制近半个棋盘。通常在开局阶段，因为棋盘棋子较多，象还不能发挥最大威力，一旦到了残局阶段，双方棋子较少，己方有双象是很大优势，通常有双象杀王，就是指两个象的配合完成杀王。

小贴士

很多初学者会有这样的疑问，据统计国际象棋王兵开局e4要多于d4后兵开局，那么白格f1象会优先出动，快速出子是国际象棋的基本原则，但是总体来看，评估两个象的价值，要根据双方的兵型、局面的类型等多个因素来判断。通常我们认为，两个象的价值是一样的。

课堂练习题：

习题1：白方先行，吃掉全部小兵最少需要几步？

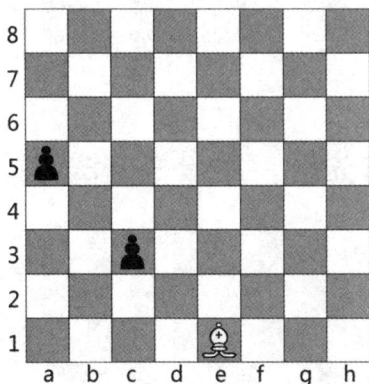

习题2：白方先行，吃掉全部小兵需要几步？

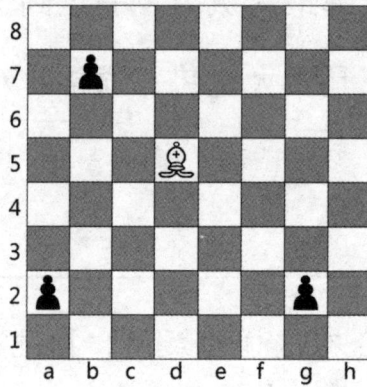

习题3：白方先行，吃掉4个小兵最少需要几步？

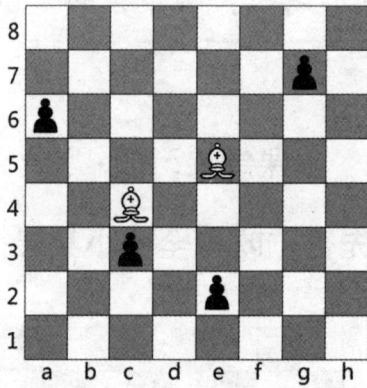

习题4：白方先行，用最快方法吃掉黑方小兵！

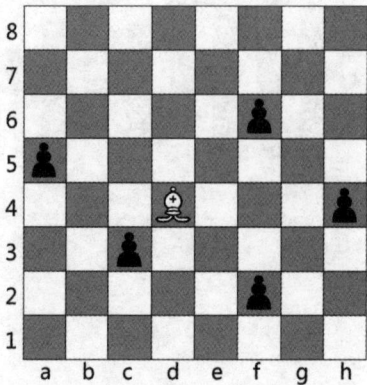

第2讲　双象杀王

双象杀王与双车杀王有一点类似，区别是双车可以分别在横竖两个方向上交替将杀且不需要王的配合，而双象则是在斜线方向上，相互配合、交替前进，逐步封锁、逼迫、驱赶对方的王走向边角，并在己方王的配合下，完成将杀。

我们从下图局面分析，白方双象在棋盘中心，占据有利地形，白方通过2个象的配合，可以快速把黑王赶到角落。走法如下：

1. Bc5　Kf6

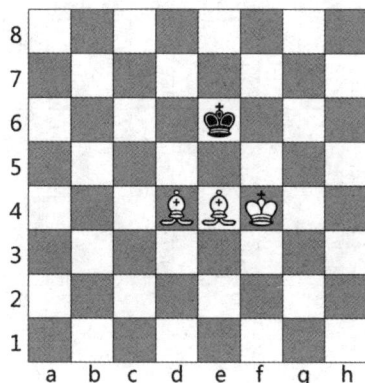

2. Bd5　Kg6

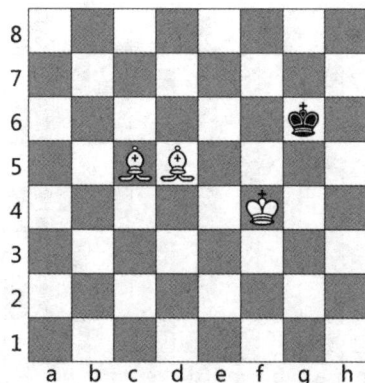

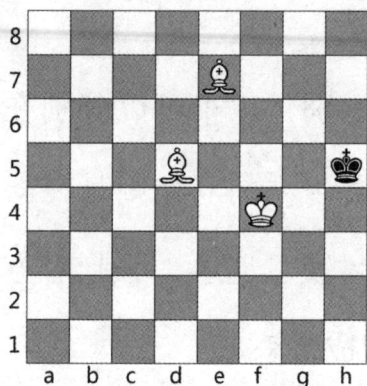

3. Be7　Kh5

关键的控制走法，调整白方双象的位置，同时进一步缩小黑王的活动范围。

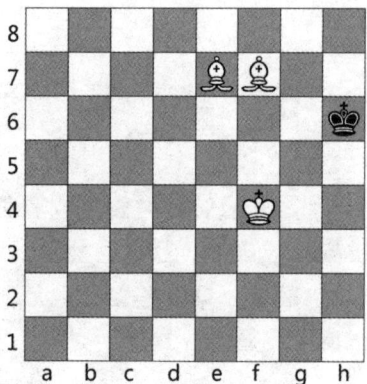

4. Bf7　Kh6

黑王已经被封锁，白方2个象牢固地控制黑王的活动范围。

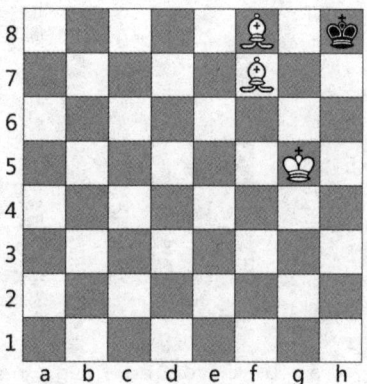

5. Bf8　Kh7

6. Kg5　Kh8

在双象封锁了黑王所有的活动路线之后，白方王走到g5助攻，很快就能完成将杀。

7, Kf6   Kh7

8. Bc4   Kh8

白象灵活地做最后调整，这里要注意子力的调度，不能让黑王跑出角落里。

9. Kf7   Kh7

10. Bd3   Kh8

11. Bg7#

双象杀王只能在角落中将杀，可以在棋盘的任意一个角落完成，要注意的是在控制王的过程中不要放跑对方的王。

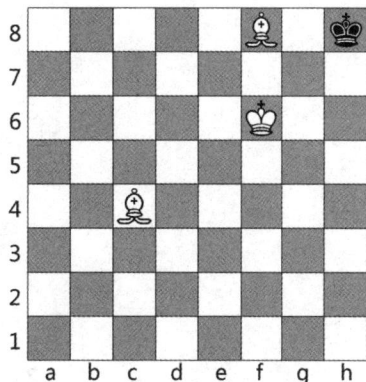

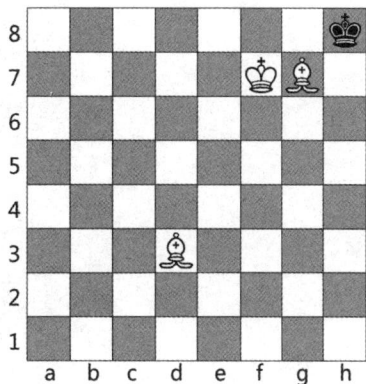

课堂练习题：白方先走，完成杀王。

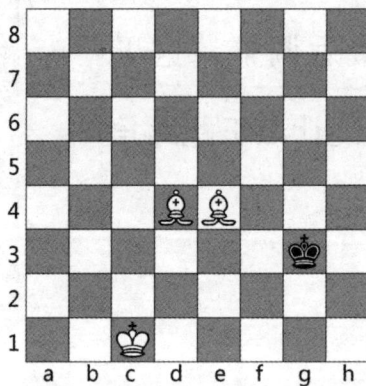

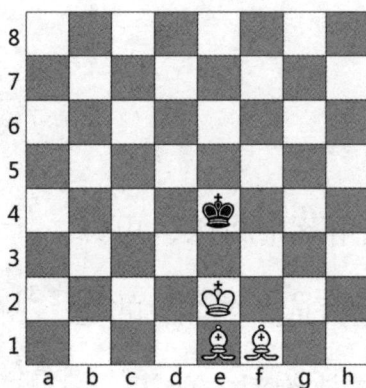

第四课
威风八面的后

第1讲 后的走法与吃子方法

后，英文名为Queen，国际象棋中双方各有一个。后原本在古代是首相的意思，威力也并不是很强，到大约10世纪才演变为后。后模拟的是欧洲中世纪时，王室皇后自娘家借来的援军，因此后是棋盘上最具威力的一子，代表外来援军的强大。后的职责是守卫己方的安全，同时也是发动进攻的指挥官。

后的走法

国际象棋中的后四通八达，威风八面。后可以走横线、竖线和斜线，且格数不限。后在棋盘中心，最多可以控制27个格。后在开局和中局阶段相当于2个车或者3个象的实力，在残局阶段略逊于2个车的实力。后往往是棋局中制胜的决定性力量，缺少后意味着重大的子力损失，缺后的一方往往会早早认输。

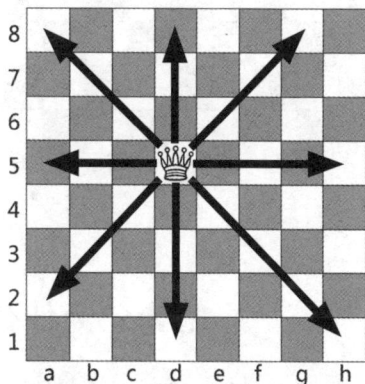

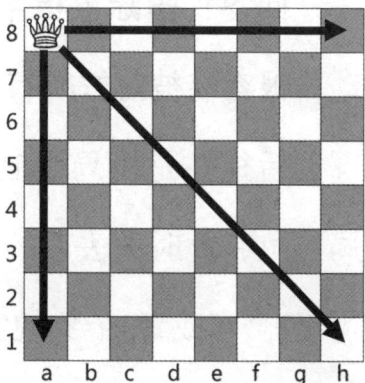

后的吃子方法

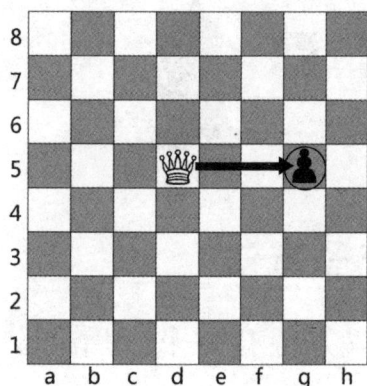

后的吃子方法和走法相同，可以直接吃掉对方棋子。

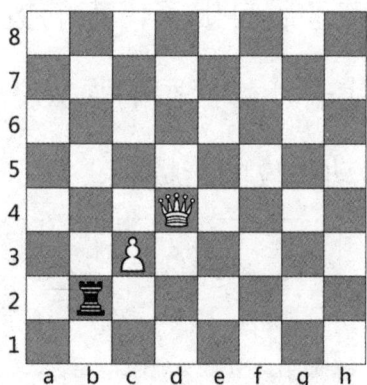

后中同样不能越过棋子吃子。后在d4格，有白方c3兵的阻挡，白后不能直接吃掉黑车。

思考：为什么开局阶段要避免过早出动后？

回答：国际象棋中的后是威力最大的棋子，如果后过早出动，很容易被对方所有棋子围攻。

后往往是棋局中制胜的决定性力量，缺失后往往意味着棋局告负，此时失去后的一方通常会认输。后在开局和中局阶段相当于2个车或者3个象的实力，在残局阶段略逊于2个车的实力。

思考：后在棋盘哪个格子威力最大？

回答：棋盘中心。

后因为其特殊性，控制范围广泛，具备同时攻击多个棋子的能力，但是根据国际象棋规则，只能选择吃掉对方1个棋子。不过随着对局的深入，棋盘上棋子越来越少，后就会变得越来越强大，通常放在中心格的后威力最大，需要注意的是，不要把后放在角落或者边线上，那样控制的范围最小。

课堂练习题：

习题1：白方先行，吃掉2个小兵！

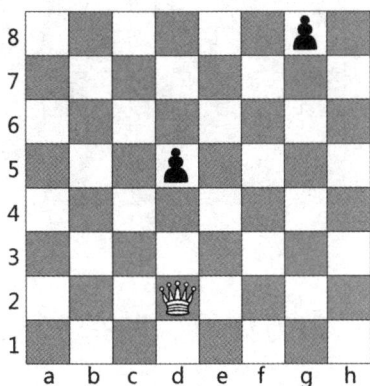

习题2：白方先行，吃掉全部小兵！

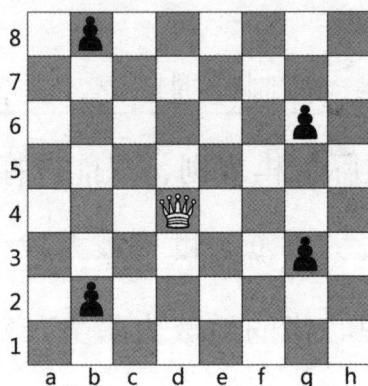

习题3：白方先行，吃掉6个小兵！

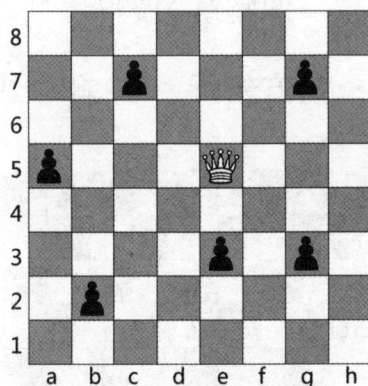

习题4：白方先行，吃掉7个小兵！

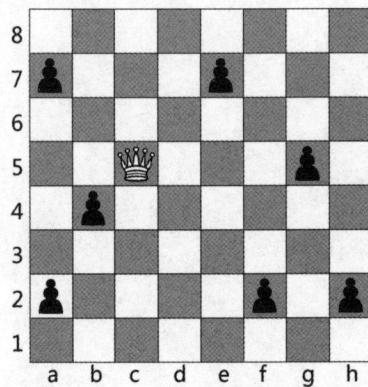

第2讲　单后杀王

单后杀王是指1个后和1个王相互配合杀王。可以说是国际象棋中最常见的残局了，比赛中，常常有兵升变后，形成单后杀王的场景，这类残局需要谨慎，比赛中棋手常出现失误造成逼和，非常可惜。

请看下图局面，现在白棋先走。黑王留在中心，白后和白王相距甚远。即便如此，对白方来说也不难取胜。白后如果没有白王的帮助就无法将杀黑王，但是白后可以靠自己的力量把黑王赶到边线或底线，主要方法为"马步赶王"。

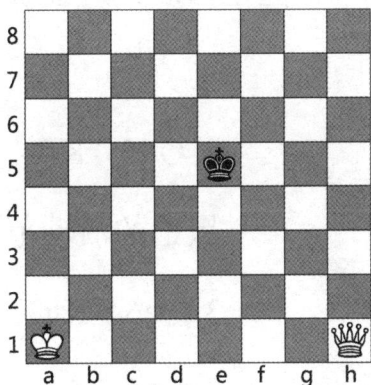

小贴士

"马步赶王"：后与敌王的位置呈马步形（马走一步的形状），逼敌王不断后退，直至敌王退至边线或底线。

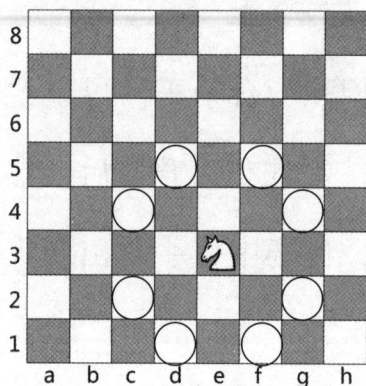

马步赶王

1. Qc6　Kf5

白后开始马步赶王，黑王向远离白王的方向逃走。接下来黑王的逃跑线路不唯一，但是白后始终能够保持马步赶王。

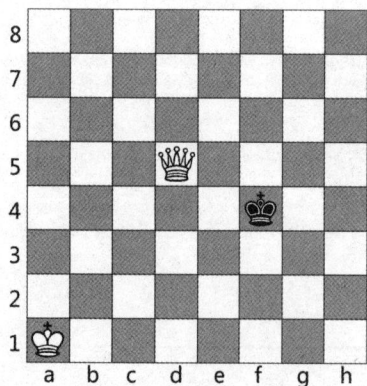

2. Qd5　Kf4

黑王的活动范围在逐步缩小。

3. Qe6　Kg3

4. Qf5　Kg2

5. Qf4　Kg1

6. Qf3　Kh2

7. Qg4　Kh1

此时，要特别注意，白后不能走
Qg3，否则就会逼和（黑王没有被将军
的情况下，无路可走）。

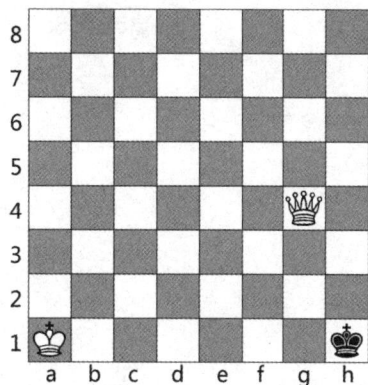

此时，白后终于把黑王赶到了角
落，白后靠自己没法将杀黑王，一定要
给黑王留一个可以活动的格子来防止逼和。接下来的取胜策略
是让白王参加战斗，走到距离黑王足够近的地方，护送白后完
成贴脸将杀。

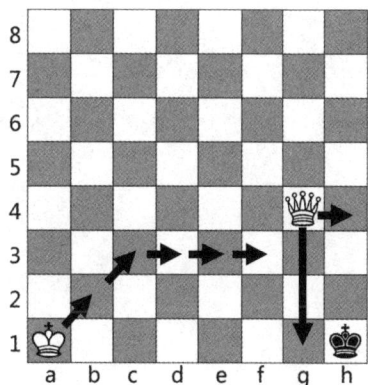

接下来具体走法如下：

8. Kb2　Kh2

9. Kc3　Kh1

10. Kd3　Kh2

11. Ke3　Kh1

12. Kf3　Kh2

13. Qg2#

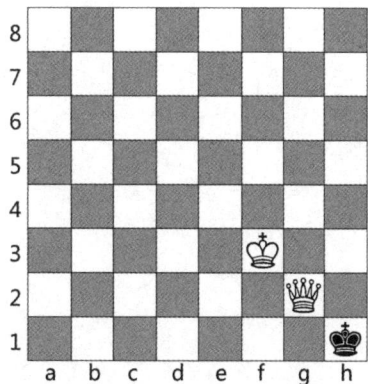

课堂练习题：白方先走，完成杀王。

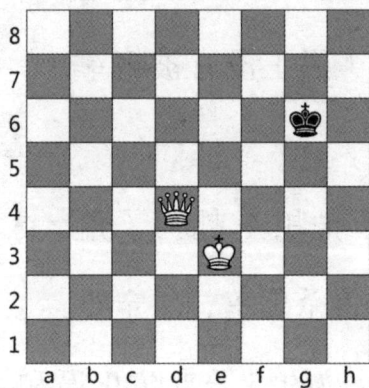

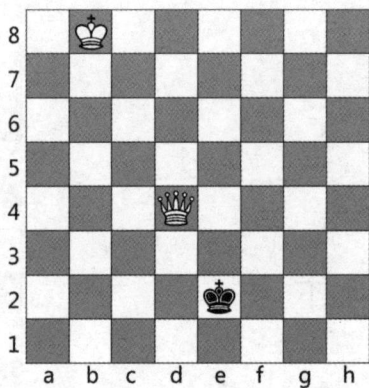

第五课
无价之宝的王

第1讲　王的走法与吃子方法

王，英文名为King，国际象棋中王是对胜负起最终决定作用的棋子，王这个棋子头顶十字架是由横竖两线合成的。在西方某些国家中王冠上的十字架后来逐渐被宝石所替代。与中国象棋中的将、帅相比较，将、帅一旦遭到攻击，可以依靠士象守卫逃过一劫。而国际象棋中，王身边没有护卫，它需要自我保护，助攻作用也非常明显，到了残局可以"御驾亲征"与其他棋子协同作战。王在残局中参与战斗，可以增加很多乐趣和不确定性。

王的走法

王的走法是横竖斜向走均可，每次只能走一格，王不能走到可以被对手棋子进攻的位置，否则就是"送王"。送王属于"违规移动（illegal move）"。

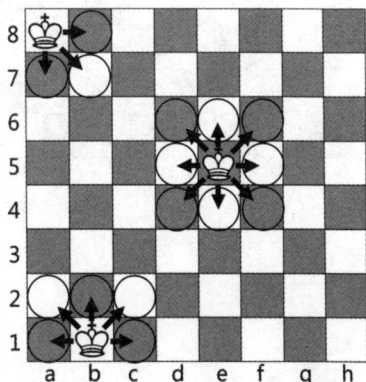

如果王的周围有其他棋子阻挡，那么王的行动就会受限。通常情况下，王在中心活动范围最大，在角落里，活动范围最小。

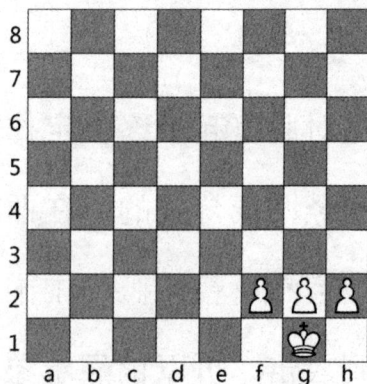

白王只能走f1或h1两个格子。

王的吃子方法

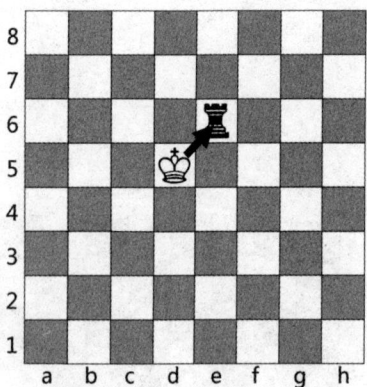

王的吃子方法和走法相同，可以直接吃掉对方棋子，但是需要注意的是，王每次只能走一个格子。

王每次只能走1个格子。

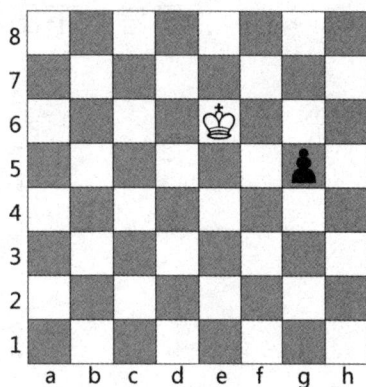

王同样不能越过棋子去吃其他棋子。

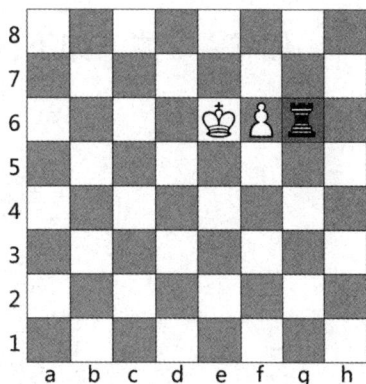

特别提示：根据国际象棋规则，在任何时候都不能送王。图中，双方的王之间的距离很近，但是谁都不能再靠近对方一步。双方王均不能走到画有"×"的格子里。另外，当王被将军时，不能置之不理，只能应对。

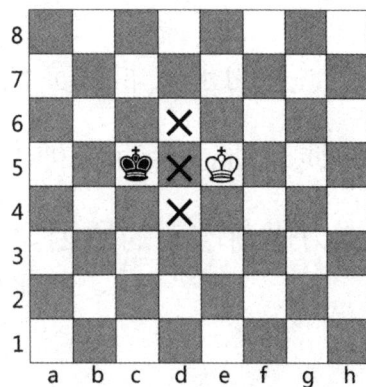

思考：下图中白王有几种方法吃掉黑马？

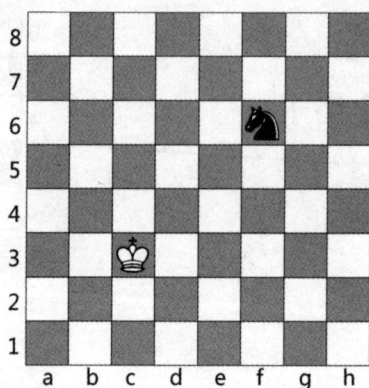

回答：3种，如下图。

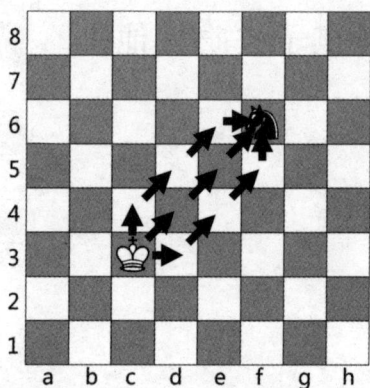

王的走法非常灵活，根据王的走法，可以走横线、竖线、斜线，所以会有多种方法去吃对方棋子，这也是残局中，王的威力逐渐增大的原因。

课堂练习题：

习题1：白方先行，吃掉黑方4个小兵！

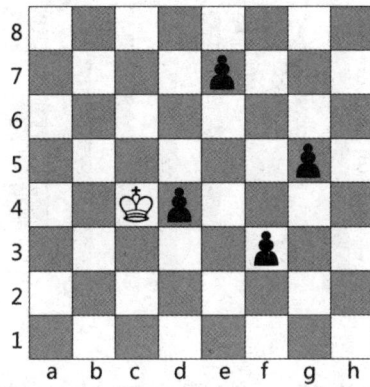

习题2：白方先行，最少需要几步吃光黑方全部小兵?

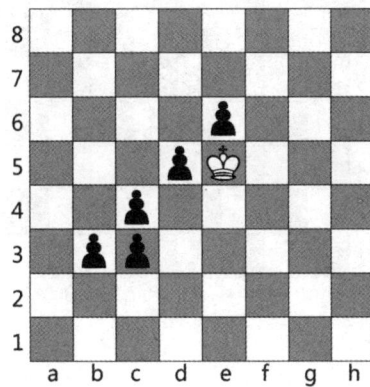

习题3：白方先行，请用白王吃光能吃的棋子！

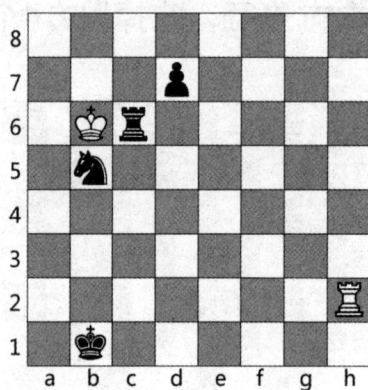

习题4：白方先行，请用白王吃光能吃的棋子！

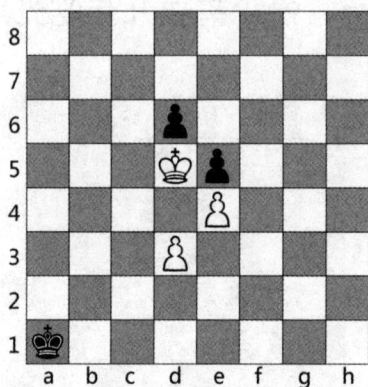

第2讲　王车易位

王车易位，英文名为Castling，在国际象棋对弈中，双方都有王车易位的权利。传说王车易位是古人在下棋过程中发明的，王留在中心太危险，后手方过于被动，为了与先手方的优势对等才发明的王车易位，另外，不能强调王车易位是古代发明的，因为其实所有规则都是古代延续下来的，可以说王车易位是这个游戏的一个"补丁"。王车易位是国际象棋中迅速把王移动到安全的位置的规则。只要走了这一步棋，就可以构造稳固的阵型，加速出子以及保护王的安全。

王车易位有2类：王车短易位（英文名：Castling King-side）和王车长易位（英文名：Castling Queen-side），在国际象棋中之所以会有"王车易位"这种特殊方式，其实和王的移动方式关系更密切。因为古代国际象棋当中"王"无法在棋局当中发挥关键作用，所以设计了一个"王车易位"的移动方式。双方各有一次易位的权利，可以选择不同方向易位。

王车短易位：王与车之间有2个格的称为"短易位"，棋谱记作"0-0"。白方视角，短易位即是王与右侧车易位。黑方视角，短易位即是王与左侧车易位。

白王向右移动两格走到g1，与此同时，白车向左移动两格走到f1，白车紧挨王，这就是王车易位。王车易位是国际象棋中唯一一次同时能移动两个棋子的情况，也是王一次移动多于1格的情况。国际象棋初学者往往对王车易位有所困惑，这个易位动作实际上是一步棋。王车易位只涉及国王和车，没有其他棋子参与。

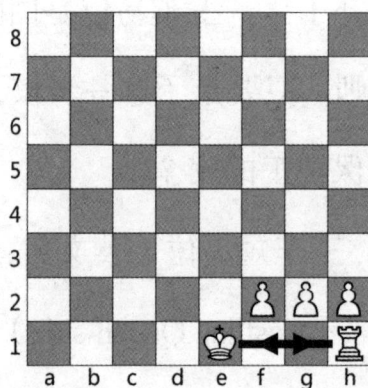

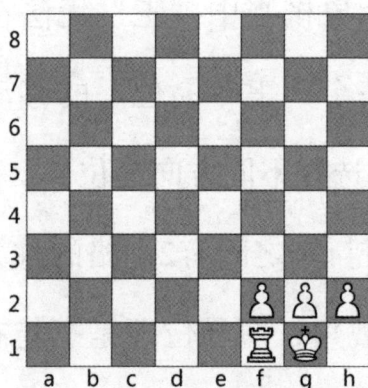

王车长易位：王与车之间有3个格的称为"长易位"，棋谱记作"0-0-0"。白方视角，长易位即是王与左侧车易位，黑方

视角，长易位即是王与右侧车易位。

白王向左移动2格走到c1，与此同时，白车向右移动3格走到d1，白车紧挨王，这就是王车长易位。

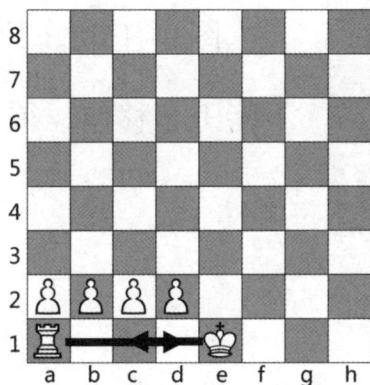

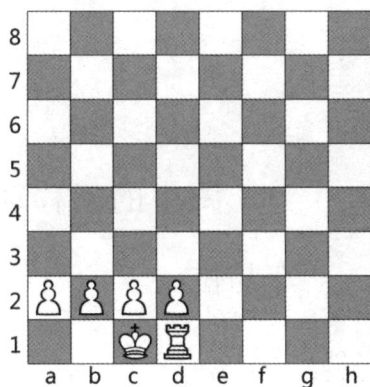

注意：王车易位的走法中，必须先走王，然后再移动车。整个过程只能用一只手完成。要想王车易位需要满足以下几种条件"：

1.王和车之间必须没有其他棋子阻挡

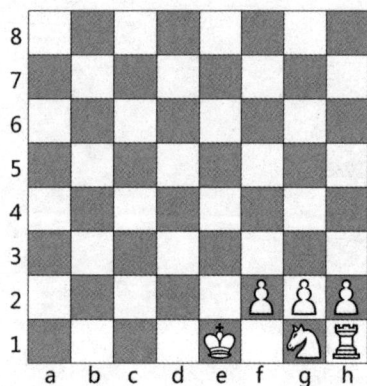

图中王和车之间有马阻挡，此时不能王车移位，须先移开马。

2.王和车在易位之前必须没有走动过

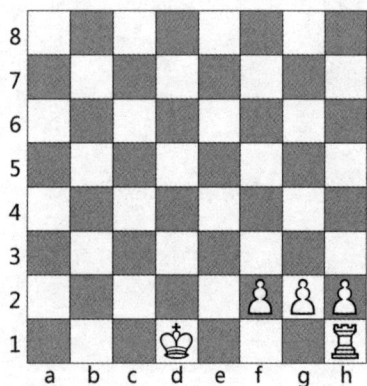

图中的王移动过，不能再进行王车易位。

3.王被将军时不能王车易位

黑象正在将军白王，此时不能进行王车易位。

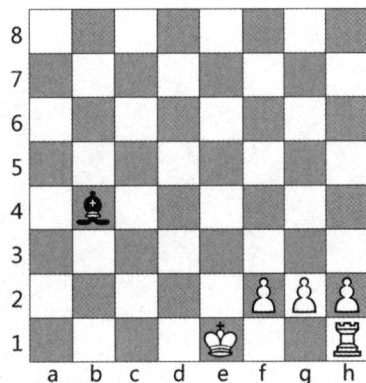

4.王经过的格子或者到达的格子被对方控制，不能进行易位

白王要到达的g1格被黑马控制，此时不能进行王车易位。

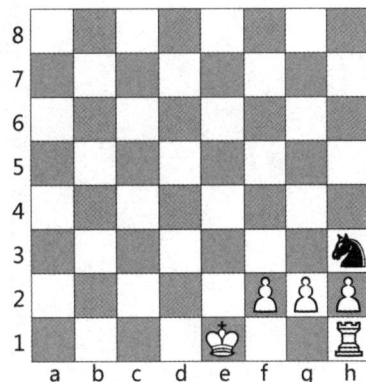

王车易位是国际象棋中迅速把王移动到安全位置的特殊规则，只要走了这一步棋，就可以构造稳固的阵型，是非常有利于防守的规则。

课堂练习题：

习题1：白方先行，进行王车短易位！

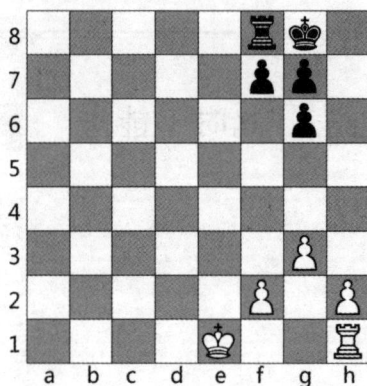

习题2：白方先行，进行王车长易位！

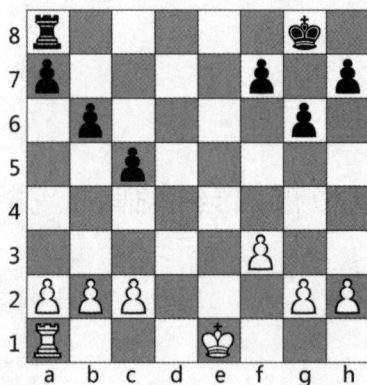

习题3：白方先行，找出阻止黑方换位的招法！

习题4：白方先行，找出阻止黑方换位的招法！

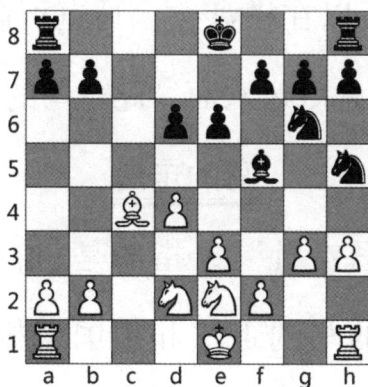

第六课

灵活机动的马

第1讲　马的走法与吃子方法

马，英文名为Knight，国际象棋中双方各有2个马，它们模拟的是欧洲中世纪时期，由贵族所担任的骑兵。由于骑兵冲锋的行进速度高于步兵，但慢于战车，所以马每步的可移动格数大于兵，但小于车。马是非常灵活的棋子，它们的步子特别灵活，还可以拐弯，所以在棋盘上，马也可以控制很多方向上的格子。马在中心时更是威风八面，此时马的威力最大。

马的走法

中国象棋有"马走日"，指的是马在棋盘上按"日"字形行走。国际象棋的马的走法和中国象棋类似，也可以视为走"日"字，即先向左或右走1格，再向上或下走2格；或先向左或右走2格，再向上或下走1格。要注意马的特点是：白跳黑，黑跳白，越过棋子跳出来，跳过两格一拐弯，横弯竖弯都过关。不同的是，国际象棋的马没有"绊马脚"的限制，所以走法非常灵活。

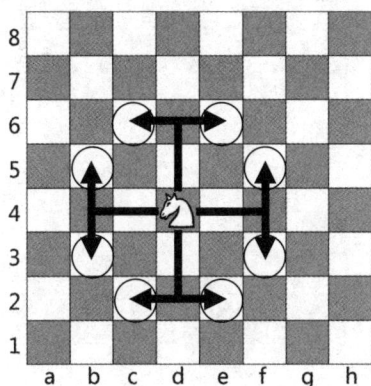

马的吃子方法

马的吃子方法和走法相同，其中马的走法最明显的特点是每走一步都会改变一次所在格子颜色。如上图：马从原来的白格跳到了黑格里，这就是"黑跳白"，马每经历一次跳跃，就会完成一次黑白格的转换。要注意的是，马是国际象棋里唯一能做到越过棋子移动的棋子。

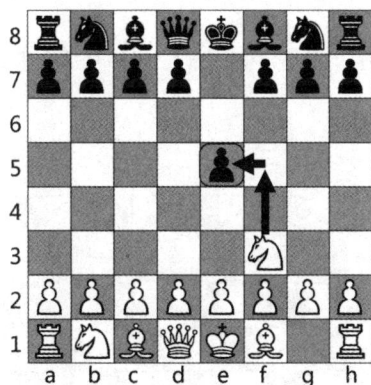

思考：马在什么位置能发挥最大威力？

回答：马在中心格时威力最大。

一般情况下，马在中心控制的格子数量最多，能达到8个，在边线或者角落里控制范围缩小。国际象棋局面分为开放局面和封闭局面，顾名思义，开放局面线路畅通，棋子比较活跃，封闭局面通常是兵型比较固定，难以移动。封闭局面时马的优势就非常明显，往往可以控制制高点。下图中，由于局面封闭，白马非常灵活，黑象比较封闭，马至少移动1次即可跳到c5，e5，d5，f5等强格，白方占优势。

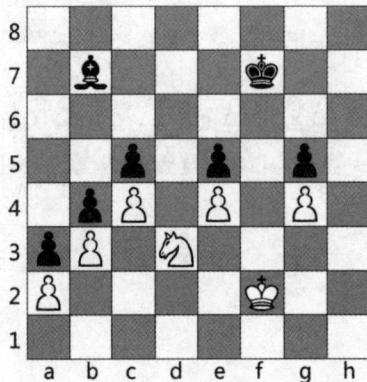

国际象棋注重战略较量。下国际象棋时进行计划显得非常重要。其中，马的调度计划非常重要，在开局、中局和残局里面，马的作用都非常重要。卡斯帕罗夫曾说："马轻捷、灵活，用它吃子具有隐蔽性，用马'捉双'是一项非常有效的战术。"

课堂练习题：

习题1：白方先行，吃掉2个小兵!

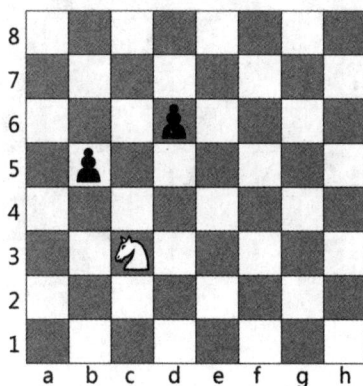

习题2：白方先行，吃掉全部小兵！

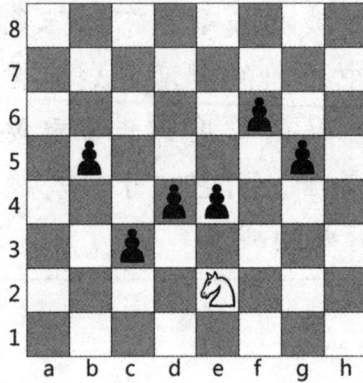

习题3：白方先行，吃掉全部小兵！

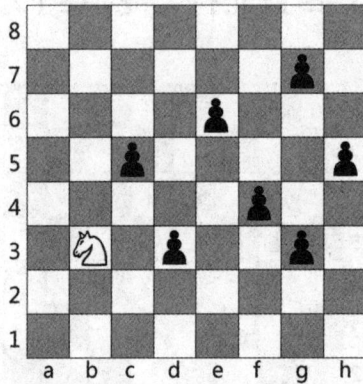

习题4：白方先行，吃掉全部小兵！

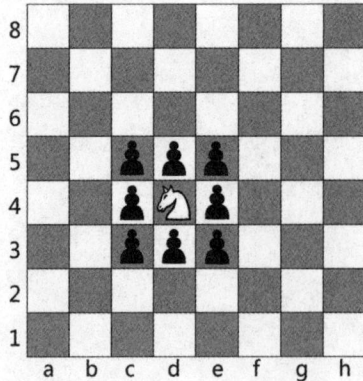

第2讲　后马杀王

后马杀王是指一个后和一个马相互配合完成将杀。马是灵活的棋子，通常可以快速完成将杀，并且不需要己方王的配合即可杀王。请看下图局面，现在白棋先走。

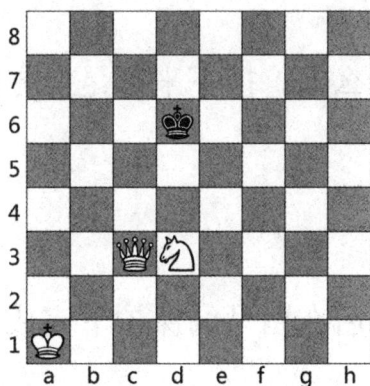

1. Nf4　Ke7

调整马的位置，向黑王靠近。

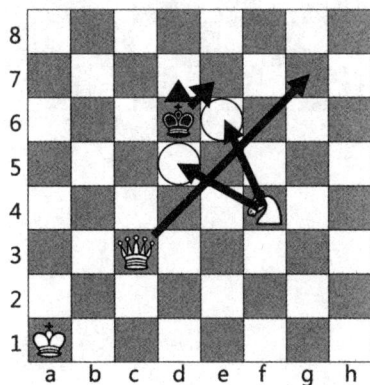

白马和白后一起把王逼向底线，这里黑王有Ke7和Kd7有两个选择。

2. Qc6　Kf7

白后乘胜追击，把黑王封锁在第7、8横线上。黑王不愿意继续后退，但是情况也不容乐观。

3. Qe6+　Kg7

4. Nh5+　Kf8

此时不管黑王怎么退，接下来都是白方的两步杀。

5. Qd7　Kg8

6. Qg7#

如下图所示，白后在白马的保护下完成了贴脸将杀。

课堂练习题：白方先走，完成杀王。

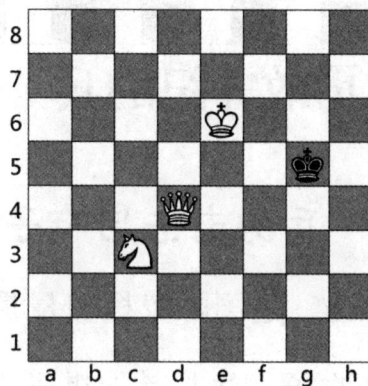

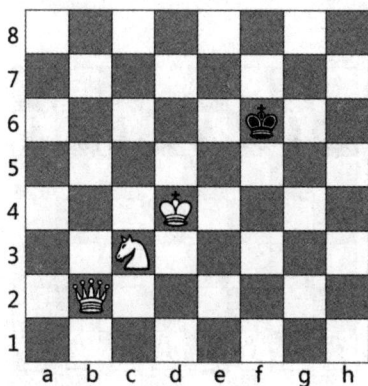

第七课

勇敢守纪的兵

第1讲　兵的走法与吃子方法

兵，英文名为Pawn，是国际象棋数量最多的棋子，双方都有8个兵，兵的走法和吃子方法与其他棋子不同，兵是唯一的不能后退的棋子，它们英勇善战，遵纪听令。

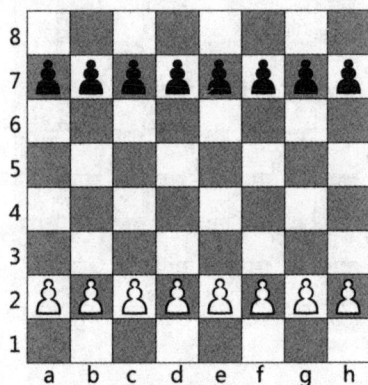

兵的走法

国际象棋中的兵模拟古时候打仗的士兵，士兵们平时都是步行，所以小兵在棋盘上也走得很慢。国际象棋的小兵在第一次移动时，可以选择前进2格或1格，第二次及之后的移动，就只能一次前进1格了。

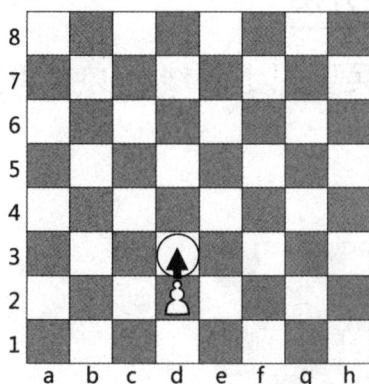

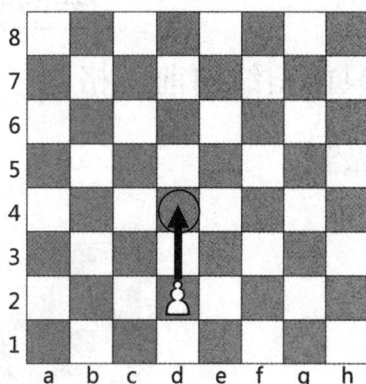

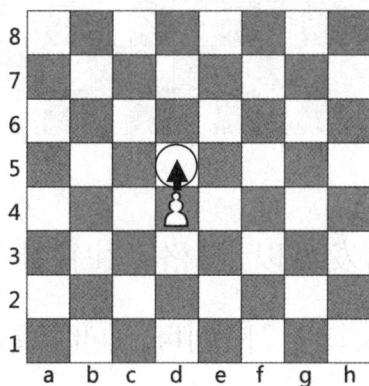

小兵行动缓慢，但是到了底线可以升变，"兵是国际象棋的灵魂"，这是菲利道尔(François-André Danican Philidor)的名言。这一名言出自菲利道尔写的《国际象棋分析》。兵看似弱小，常常被初学者忽视，但是大师们却对兵倍加珍惜，比赛中，兵的数量往往可以决定对局的胜负结果。

兵的吃子方法

兵只能斜线向前一格吃子，兵要想走斜线，必须得通过吃子才能做到。

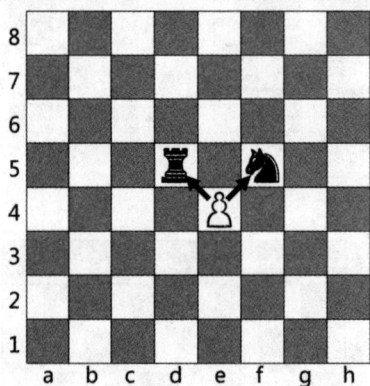

兵从原始位置出发可以走2格，往往能给对手出其不意的打击。下图中，f线白兵，走2格到f4，同时攻击黑方马和车，我们也称此类情况为击双。

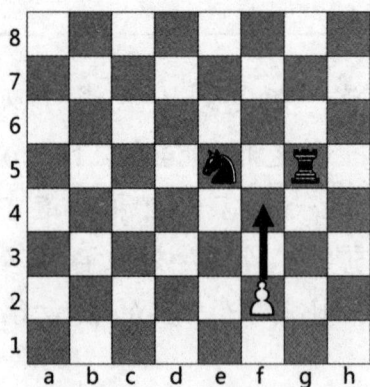

兵的吃子方法如下：白方兵走e4，黑方兵走d5，白方兵向前斜格吃掉黑兵。

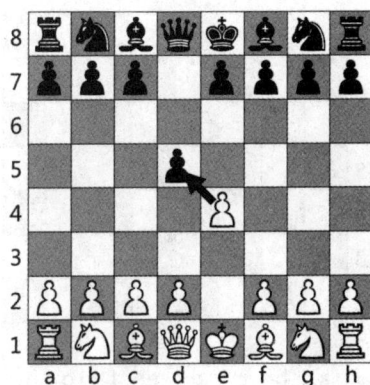

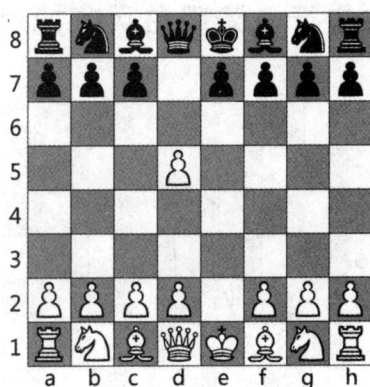

小贴士

兵在开局的时候是走一步好还是走两步好？这个问题往往困扰初学者，兵一般情况下，是要走2格，本身兵行动缓慢，如果一个一个格子走，非常吃亏，另外兵开局走2格，可以快速占领中心格子，帮助己方快速出子，从而获得较好的局面。

课堂练习题：

习题1：图中箭头标记的走法是否正确？

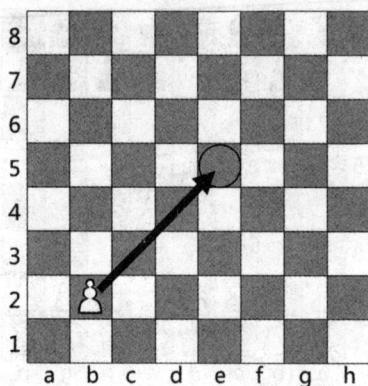

习题2：白方先行，请用白兵吃掉对方的棋子。

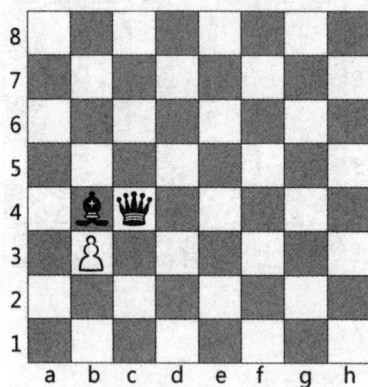

习题3：请问下图中白方的哪些兵可以移动？

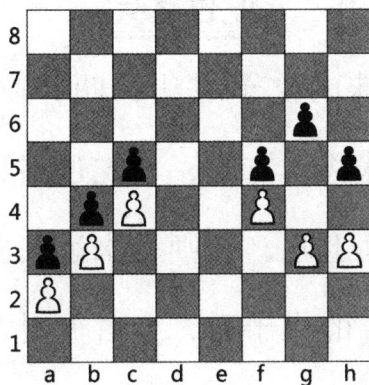

第2讲 吃过路兵与升变

吃过路兵

兵还有一种特殊的吃子方法，叫作吃过路兵。它是国际象棋中兵的一个特殊移动方式，"吃过路兵"的一方必须在对方走棋后的下一步马上吃，否则就永远失去"吃过路兵"的机会。通常在吃掉对方的棋子后，会占据对方棋子的位置，吃过路兵是少数未依照此规则的走法。

如下图，白方b2兵从初始位置一次移动2格，移动到了b4，黑c4兵与白b4兵在相邻列，此时黑方c4兵可吃过路兵b4，并可移动到b3格。白方f4兵也可吃过路兵g5，同理。

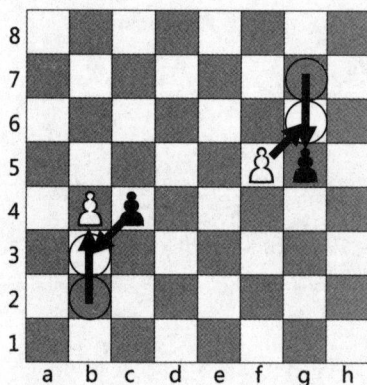

小贴士

> 吃过路兵时要注意下面几个情况：第一，吃过路兵只能发生在第4行或第5行。第二，被吃子的兵需在相邻的列，而且一次移动了2格。第三，吃过路兵是选择性的，若要进行，就要在对方走棋后的下一步马上进行，否则就失去机会。

升变

兵可以通过升变来"重获新生"，这增强了国际象棋的趣味性与复杂性。

兵经过不懈的努力到达底线，到达底线后，必须立刻升变，拿掉自己的兵，换成其他的棋子，可以换成后、车、马、象中的一种棋子。兵不可以升变成王，也不可以不升变或二次升变。

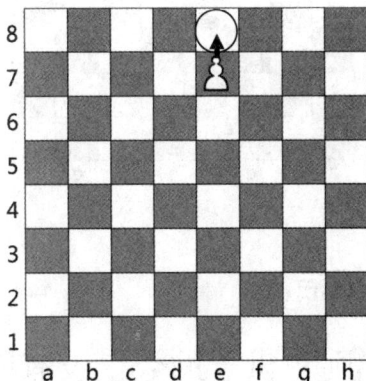

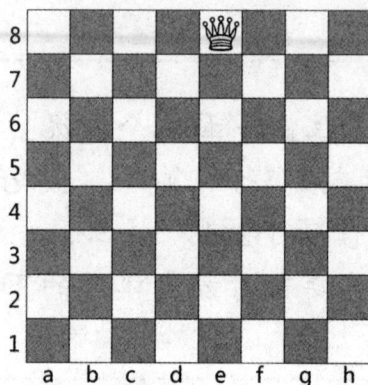

兵到达底线并升变成其他棋子的整个过程算作一步棋，新升变出的棋子和正常棋子一样也要按照规则行棋。

思考：下面白兵是否可以升变成后？

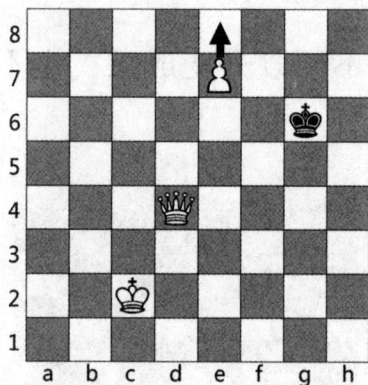

回答：可以升变成后。

根据国际象棋规则，棋子的数量没有限制，理论上，在兵升变后，棋盘上可以出现很多个后、车、马、象。

第八课
将军、应将与和棋

　　我们先了解一下什么叫作"将军"，当自己的棋子威胁对方的王，即对方的王在我方棋子的攻击范围以内，便称为"将军"（Check），此时对方便要设法解除我方的威胁，需要把攻击王的棋子吃掉，或者把王移动到安全的格子，或者以其他棋子抵挡攻击。当对方的王无路可逃，我方便把敌方的王"将死"（Checkmate）。

第1讲　将军与应将

将军

　　在古代，当一方一着棋既攻击对方王又攻击对方车时，须声称"抽车将"。因为在那时，车是威力最大的棋子。据文献记载，帖木儿帝国的创立者帖木儿（1336—1405）一次在宫廷里与波斯律师兼历史学家阿拉丁下棋时，走了一着能同时攻击对方王和车的"抽车将"，正好消息传来，他的一个儿子出生，他国家里的一座新城建成。于是他同时命名他的儿子和这座新城为"shah－rukh"（波斯语，"抽车将"之意）。一直到20世纪初，一方攻击对方的王时还要口称"将军"（在我国群众性象棋活动中，也保留着这种习惯），这在规则中曾是强制性的。但是现在国际棋联通用的规则中明确指出，"将军"无须宣称。"将军"这个词转译自波斯语的"shah"，原意为"王"。由于一方被对方将军时必须立即应将，此外别无选择，故将军着具有最大的威胁性。

将军一般有4种方法：

1.直接将军

直接将军是用棋子直接攻击对方的王，准备在下一步把对方的王吃掉。这种方法很简单，被将军的一方很容易发现。

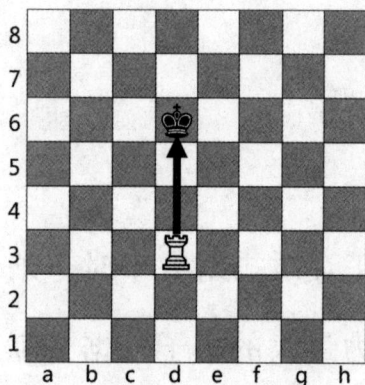

白车将军。

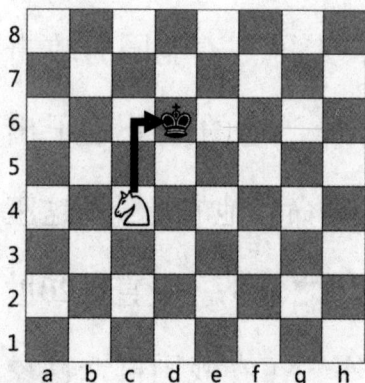

白马将军。

2.闪将

闪将是指一个棋子移开后，让另外一个棋子来攻击对方的王。相比较直接将军，这种将军方式不易被对手发现。

先将白马移开。

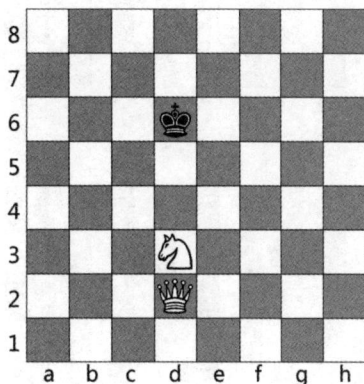

闪出白后将军。

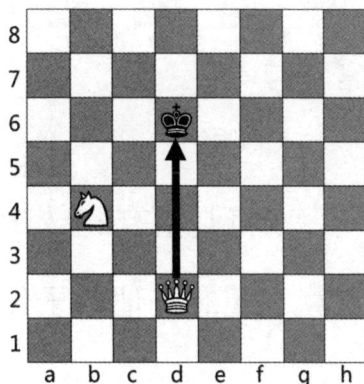

3.抽将

抽将即一个棋子既攻击对方的王，又攻击着对方的其他棋子。通常此方法不能直接获胜，但是可以吃掉对方的棋子，也能获得优势。

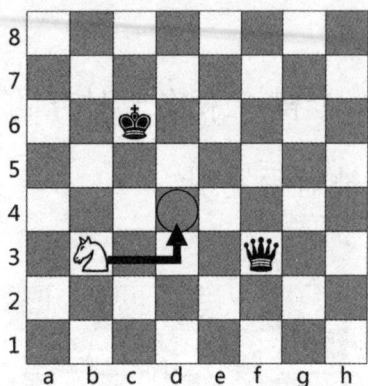

白马移至d4格，将军。

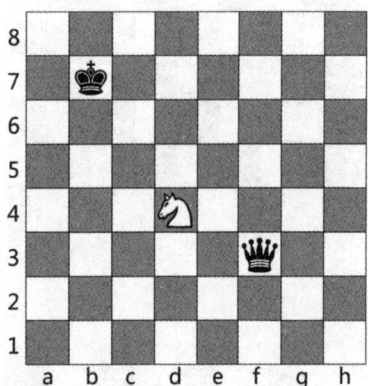

黑方只能应将，移开黑王，白马即可吃掉黑后。

4.双将

双将是指有2个棋子同时将军。王被双将时必须选择逃跑，就算王还有其他棋子保护，也只能逃跑。这种局势下，王无法通过一步棋阻挡2个棋子的攻击。

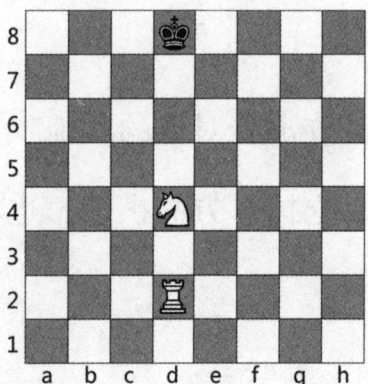

白方马走到c6。

此时白马与白车形成双将。

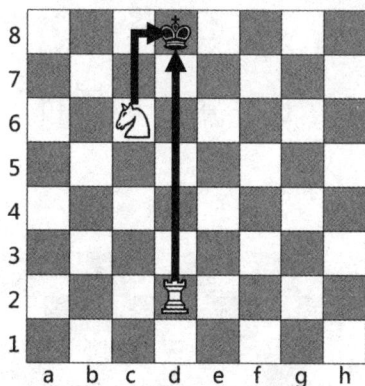

应将

在国际象棋中，当一方棋子攻击对方的王，被将军的一方必须确保下一步棋自己的王不被吃，称为"应将"。根据规则，国际象棋王不能被送吃。假如出现送吃状况，则送吃方走的一步棋取消，重走一步，并记为违例一次。应将一共有3种方法，可以化解王的危机：

1.避将

避将即王躲开对方的棋子攻击，走到不受攻击的格子上去。

白象正在攻击黑王，黑王可以选择离开f8格子，躲开将军。

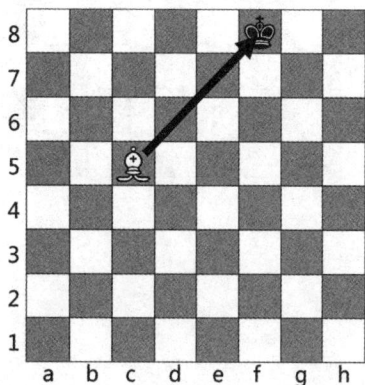

2.吃子解将

吃子解将即用自己的棋子，包括王自己，吃掉对方将军的棋子。

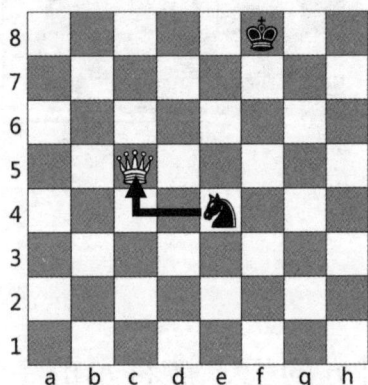

白后正在攻击黑王，此时可以用黑马吃掉白后解将，这是一种比较好的应将方法。

3.垫将

垫将指用自己的棋子走到王和对方将军的棋子之间，用棋子加以阻隔。

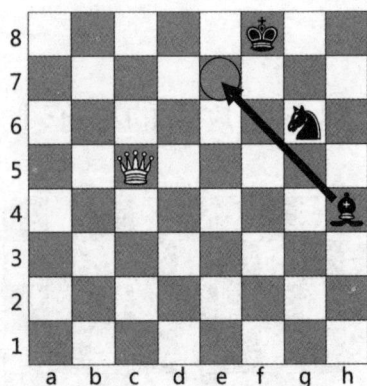

白后攻击黑王，此时黑方有两个选择，选择象走到e7或者马走到e7都可以垫将，垫将比较复杂，常常有多种走法。

课堂练习题：

习题1：黑方先行，黑方如何应将？

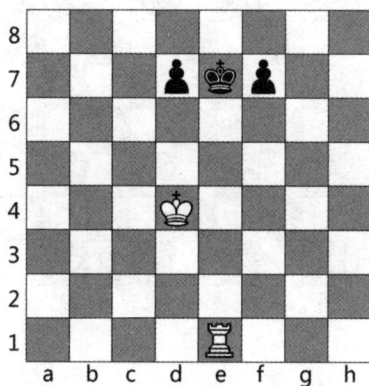

习题2：黑方先行，黑方如何应将？

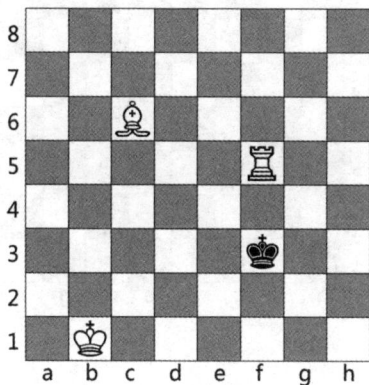

习题3：黑方先行，如何应将最好？

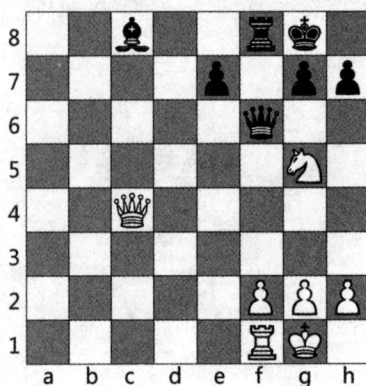

习题4：白方先行，如何应将最好？

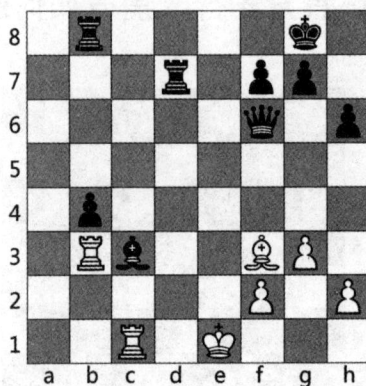

第2讲 和棋的判定

在国际象棋正式比赛中，经常会出现这样一种情况：一位棋手必须赢棋才能实现目标，而另一位棋手只需要下和就能实现目标。1935年，世界冠军赛的两位主角是阿廖欣和尤伟。经历了漫长的比赛，尤伟距离夺得世界冠军的头衔只有一步之遥，最后一轮，他只需要下和就能夺得世界冠军，因此在比赛开始前他对阿廖欣说："在比赛中的任何时候，我都会接受和棋。"

关于国际象棋和棋规则，有以下6种情况：

直接提和

首先要看比赛规程和细则，有规定的按规定执行，比如可以规定多少回合之内不允许提和。在规程和细则允许议和的情况下，一方轮走时提议双方和棋，对方同意则判为和棋。但是这里也有一些细节需要注意：

①提和一方必须是在轮到自己走棋时，在自己的行棋时间内提和，方可有效。

②不能连续提和，对方同意或拒绝前不得反复提和。

③提和的正确顺序是：a.走一步棋；b.提和；c.按钟。

④提和时，双方棋手应在记录纸上记下"="。

⑤提和不可撤回，在对方同意或者拒绝或者对局以其他形式结束前，提和始终有效。

⑥对手提和的，同意则口头同意，双方告知裁判，不同意则拒绝或直接走棋，对局继续进行。

⑦提和不能附加别的条件（比如要求对手限时答复等）。

相同局面

1.相同局面提和

相同局面已经至少出现3次，或者相同局面即将至少出现3次，行棋方在记录纸上写下自己的行棋着法（不可更改），并向裁判提出自己的着法，行棋方提出和棋，应判为和棋；这里所谓相同局面，是指每次同一方行棋后，所有同种同色棋子在同样格子上，双方所有棋子有可能的着法都相同；但此时，如果行棋方触摸了棋子，就失去了本次提和的机会（下一次轮到自己行棋时仍有机会提和）。

2.相同局面判和

本局面第1条款中提到的相同局面至少出现5次，裁判可以判和。

3.不算作相同局面的情形

这里有两个需要注意的地方，虽然所有的子还是在同样的格子里，但原来可以吃过路兵现在不能吃了，或者原来可以王车易位现在不能王车易位了，这两种情况不视为相同局面。

50回合没吃子没走兵提和

最近连续50回合中，双方没有走兵也没有吃子，行棋方提出和棋，应判为和棋；最近连续50回合双方没有走兵也没有吃子的情形即将出现，行棋方在记录纸上写下即将走的着法（不可更改），告诉裁判。上述两种情形下，行棋方提出和棋，应判和棋。但此时，如果行棋方触摸了棋子，就失去了本次提和的机会（下一次轮到自己行棋时仍有机会）。

比如此时局面封闭，双方均没有办法有效进攻，既没有棋子被吃掉，也没有兵被移动过，可以提出和棋。

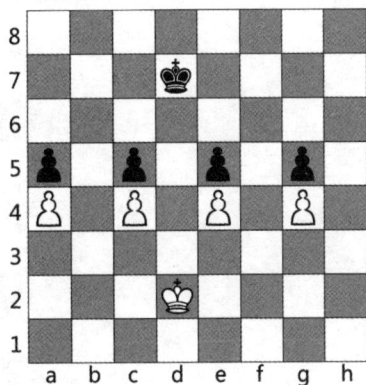

双方都无法将死对方王
（material或"死局"）

比如，双方都只剩下王；或者一方只剩一王，另一方一王一兵，但兵被堵住无法升变。

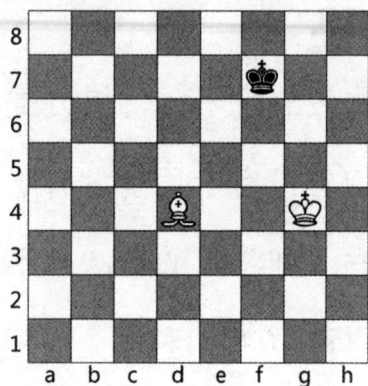

白方单象不能杀王，王对王、王对王单马或王单象，以及理论上王对王双马也是和棋。

一方连续不断地将军，被将方无力避免（"长将和"）

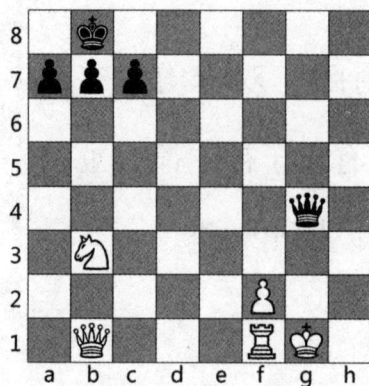

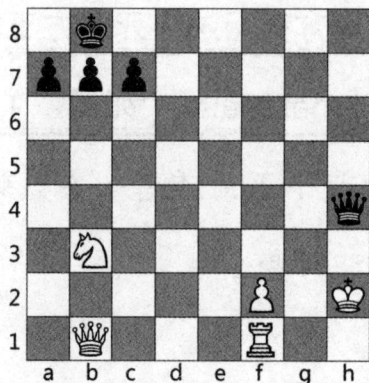

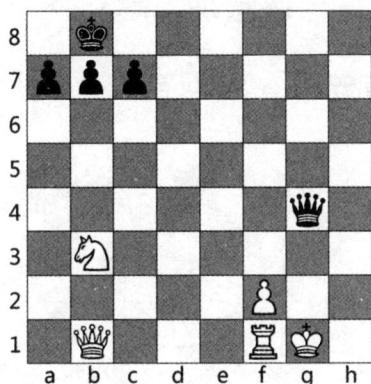

此时双方子力悬殊，白方优势明显，但是黑后可以走g4和h4长将，白王无力避免，最终长将和棋。

逼和

轮到一方走棋，王没有被将军，但却无路可走，称为"逼和"（stalemate）。有很多初学者下到残局，总先想着把对方的子杀光，却没想到自己升变后，将对方逼得动弹不了，结果和棋了。

此时轮到黑方走，黑王无路可走，称为逼和。

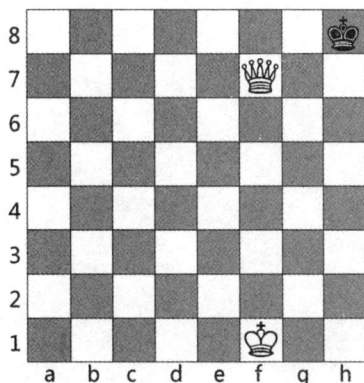

课堂练习题：

习题1：白方先行，请问当前局面是不是和棋？

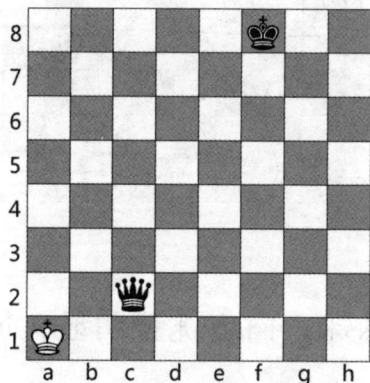

习题2：黑方先行，请问当前局面是不是和棋？

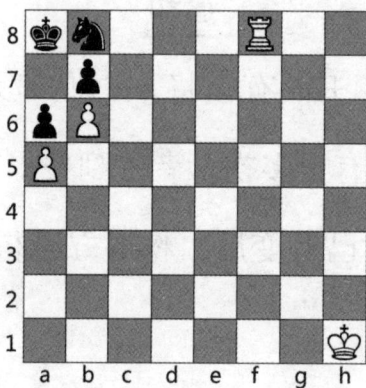

将军、应将与和棋

习题3：白方先行，请找出和棋的走法。

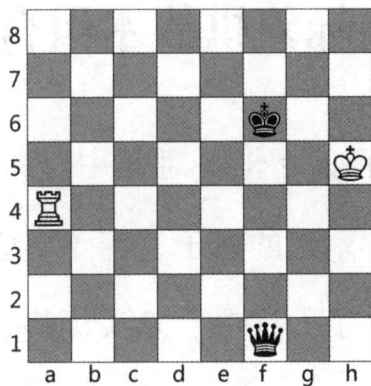

习题4：黑方先行，请找出和棋的走法。

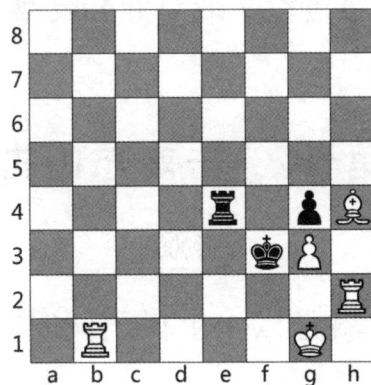

第九课
国际象棋战术组合

国际象棋中局千变万化，对弈中经常会用到各种战术，所谓战术就是使用一系列的运子、弃子、进攻、反击等技巧，通过强制的方法获得子力优势、多兵优势、空间优势，甚至将杀。

战术运用非常重要，想要学好战术需要学习基础理论知识、多做课后练习、多进行实战对弈和复盘总结。

第1讲　击双与闪击

击双

击双，顾名思义就是以一个棋子同时攻击对方两个目标的战术。它是实战中常用的战术手段，因对方不能两面兼顾，必须损失子力。如果与其他战术结合运用，则会事半功倍。

在对弈和比赛中，击双往往能给对手致命的打击，被攻击方由于不能两面兼顾，会被迫放弃一子，而造成了子力损失。

请看下列4个局面：

No.1（白先）

1. Ne6　Kd7

首先观察所有棋子的位置，不难发现，白马位置较好，可以走到e6格进行击双。

2.Nf8+　……

白马攻击黑方两个棋子并将军，黑王只能移动，白马吃黑后，白方获得多子获胜。

No.2（白先）

1. Be4　Qe4

局面黑方有子力优势，白方仅有车和象，但是位置较好，白方象走到中心，将军同时攻击黑后，白象在白车的保护下进行击双。

2. Re4+　……

形成单车杀王残局，白方获胜。

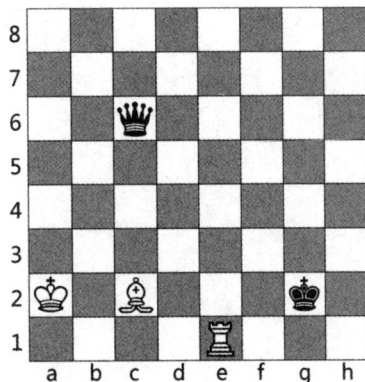

No.3（白先）

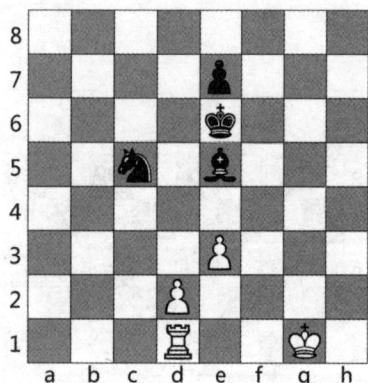

1. d4　Bd4

黑方马和象的位置不仅刚好处于兵的攻击范围而且白方用兵击双，黑方马和象必将损失一个。

2. ed4+　……

白方获得子力优势获胜。

No.4（白先）

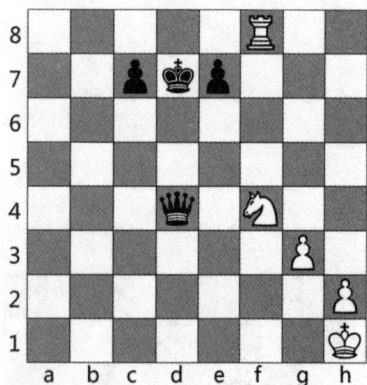

1. Rd8　Kd8

白车走到d8可以攻击黑王，黑王应将必须吃掉白车，那么就形成了战术组合，下一步用马来进行击双获得优势。

2. Ke6+　……

课堂练习题：白方先行，完成击双。

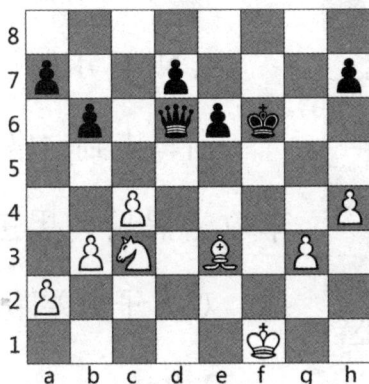

闪击

　　闪击是一种在实战对局中颇为常见的战术，它的隐蔽性较强，对方不容易发觉。闪击常常是多个棋子相互配合进攻，经常用己方前面的棋子去攻击对方一个目标，露出后面的远射程棋子攻击另一个目标。闪击具有双重威胁，能收到"出其不意，攻其不备"的效果。只要你了解了它的规律，就可以在对局中运用自如。

请看下列局面：

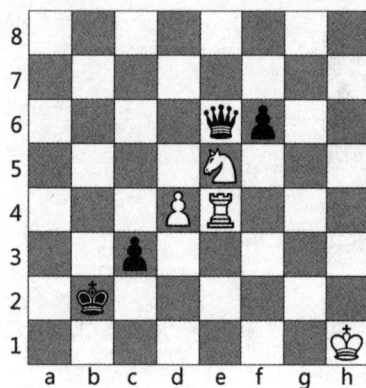

No.1（白先）

1. Nc4   Kb3

白马走到c4格将军，将军同时，白车攻击黑后，黑王必须应将，因此丢后，双方子力差距巨大，白胜定。

2. Re6+   ……

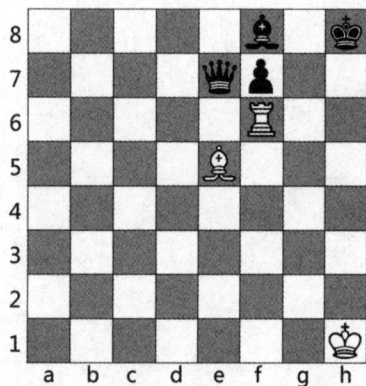

No.2（白先）

1. Rh6   Kg8

白车闪开走到h6，白车和白象两个棋子同时将军，黑王必须移动。

2. Rh8#

白车和白象配合，完成将杀。

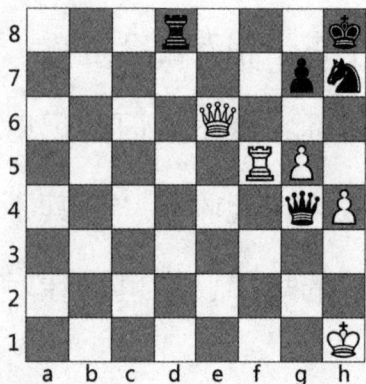

No.3（白先）

1. Rf8+   ……

白方通过将军闪击黑后，黑方回应将军。典型的闪击手段，白方得子获胜。

No.4（白先）

1. Nh6   Kh8

　白马跳到能将军的格子，白象可攻击黑王，白方一击致命，子力差距巨大，白方快速获得胜利。

2. Bd7+   ……

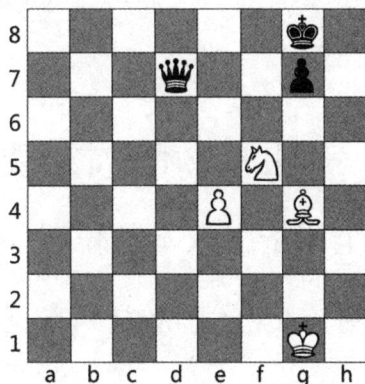

课堂练习题：白方先行，完成闪击。

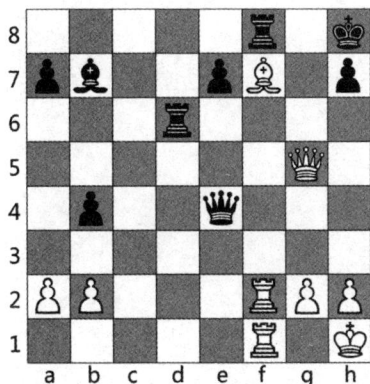

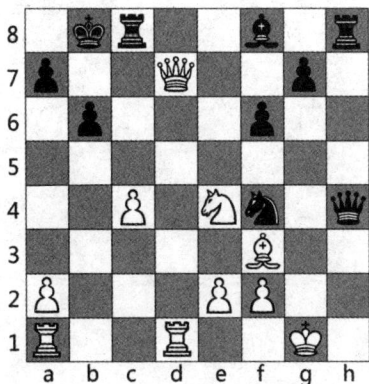

第2讲　引入与引离

引入

引入战术通常是要采取弃子或交换棋子的手段，将对方某个棋子引入不利位置。主要的目标是破坏对方棋子的位置，把对方的子力吸引到自己需要的位置，熟悉运用常常可以取得优势，甚至造成将杀。

请看下列局面：

No.1（白先）

1. Bh6　　Kh6

白方出人意料弃白象，黑王别无选择，只能选择移到h6吃象。

2. Qf8#

白方完成将杀。

No.2（黑先）

1. …… Bf2

开局出子阶段，白方违背开局原则，出动重子皇后遭到了黑方致命打击，黑象开展进攻，通过马形成击双，获得子力优势。

2. Qf2　Nd3+

No.3（白先）

1. Qf8　Kh7

白方用后将军，调整棋子位置。

2. Bg6　Kg6

白象把黑王引入危险位置，形成将杀。

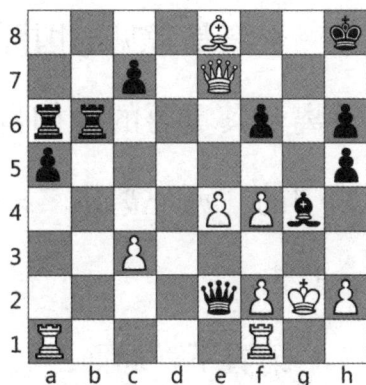

3. Qg8#

No.4（白先）

1. Rg8　Kg8

白车走到底线，将黑王强行引入g8格，白方后象配合完成将杀。

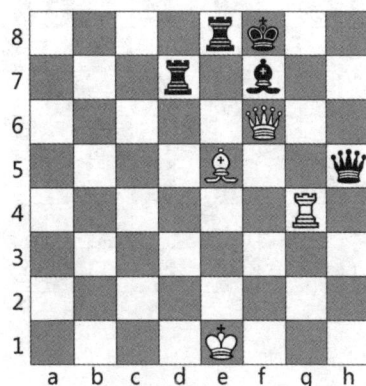

2. Qg7#

课堂练习题：白方先行，完成引入。

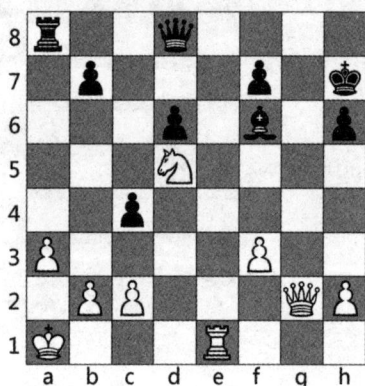

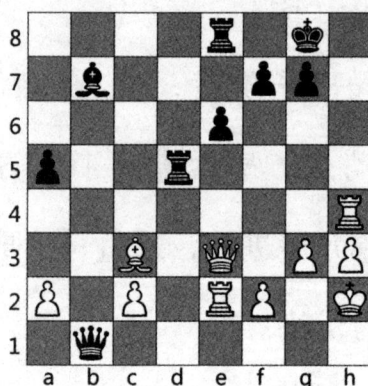

引离

引离是常见的国际象棋战术，它的目的是迫使对方某个棋子离开其重要的防御位置。引离战术往往不易被发现，常像兵法中的"调虎离山"一样巧妙。因此，这类战术往往能造成致命打击。

请看下列局面：

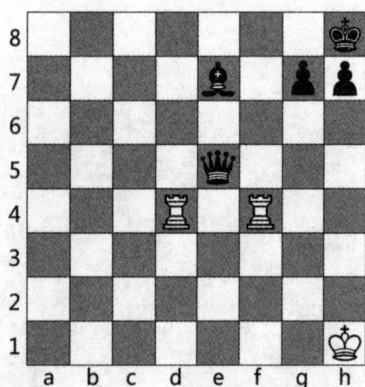

No.1（白先）

1. Rd8   Bd8

黑方具有子力优势，但是白方通过引离黑象，迫使底线失去防守，白方获得胜利。

2. Rf8#

No.2（白先）

1. Re8   Qe8

白方通过观察，发现了黑方底线的问题，黑后和黑王处在第8横排，引离黑后，白后完成杀王。

2. Qg7#

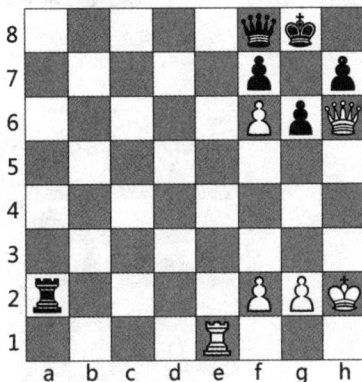

No.3（白先）

1. Qf8   Rf8

白车占领h通线，后的位置较好，白方通过引离黑王，获得胜利。

2. Ne7#

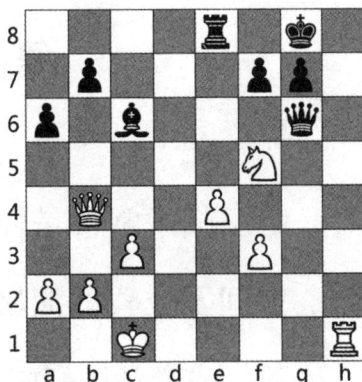

No.4（白先）

1. Re8   Re8

观察棋盘，黑方多兵，但是黑后只有车在保护，白车可以通过底线的引离，获得子力优势。

2. Qc4+   ……

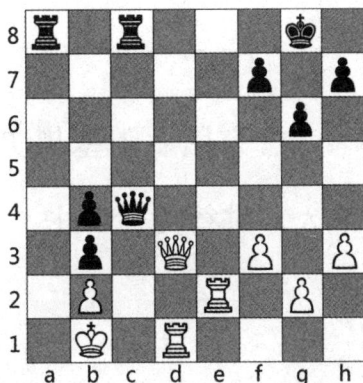

课堂练习题：白方先行，完成引离。

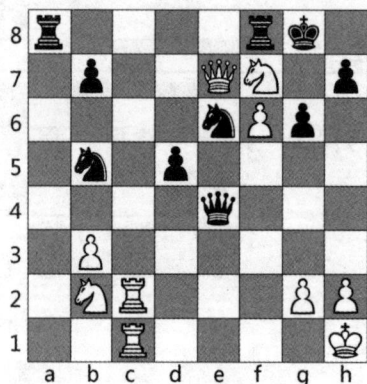

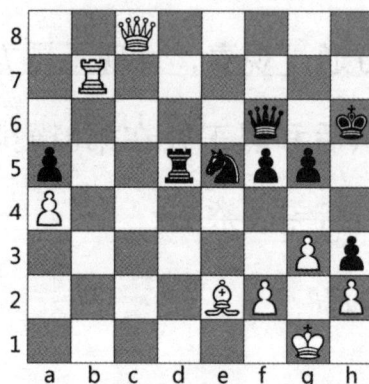

第3讲　阻塞与牵制

阻塞

阻塞战术常常是使用一个或者多个棋子给对方造成活动线路、空间及位置的拥堵。运用这个战术往往能获得子力优势甚至取胜，或者利用规则和棋。阻塞战术往往需要预判和分析。

请看下列局面：

No.1（白先）

1. Qh7　Nh7

白方用后阻塞黑方，使黑方王没有多余的活动空间，白马跳入，进行致命一击。

2. Ng6#

黑王不能走到g8，因为白象控制g8格。

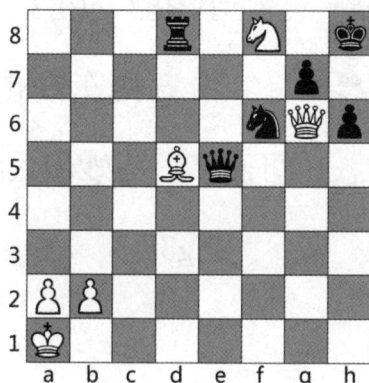

No.2（白先）

1. Nf6   Bf6

白方弃马，黑方必须吃马，否则Qh7将杀。

2. Be4+   ……

白方调整象的位置到e4，白方后和象配合完成h7格杀王。

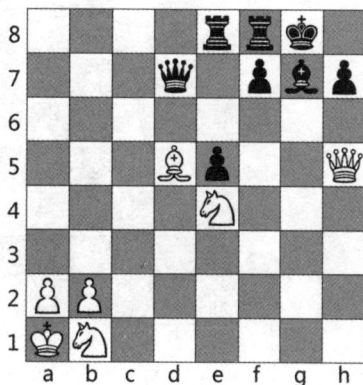

No.3（白先）

1. Qf8   Rf8

局面看似平静，但暗藏杀机，黑方底线存在问题，白方通过给黑方造成路线拥堵，造成杀王。

2. Ne7#

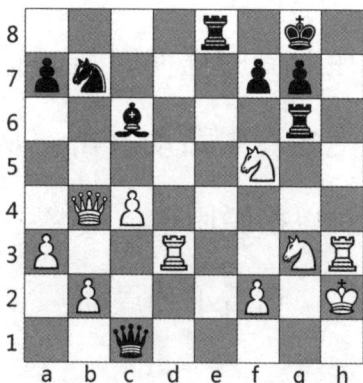

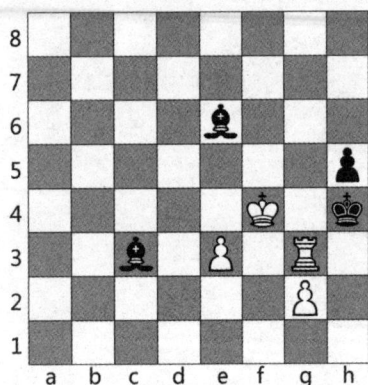

No.4（白先）

1. Rh3　Bh3

白方用车攻击黑王，造成黑方空间狭窄，巧妙用兵的特性，完成杀王。

2.g3#

课堂练习题：白方先行，完成堵塞。

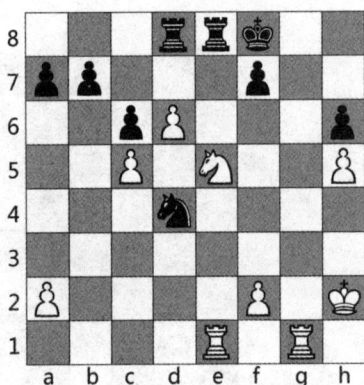

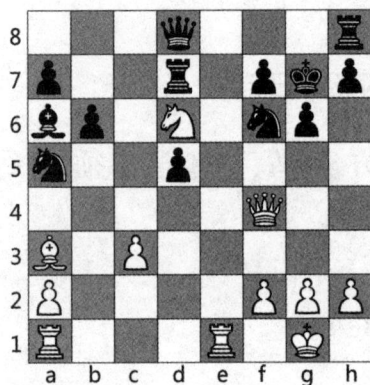

牵制

　　牵制战术是国际象棋对局中最常用的一种战术，可以出现在对局中任何时候，通过运用自己的子力来约束对方的子力，使之丧失活动自由，从而陷入被动地位。被牵制的一方，常常难以摆脱困境，最终丢子或者被将杀。

　　请看下列局面：

No.1（白先）

1. Qh5　Kg8

白王位置较为安全，黑王暴露在f线上，白方通过牵制战术获得子力优势，黑方无法防御。

2. Qf3+　……

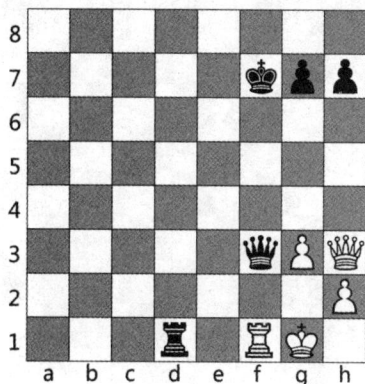

No.2（白先）

1. Bc4　Kf7

通过观察局面，黑车和黑王处于斜线，白象可以通过牵制战术获得子力优势。

2. Bd5+

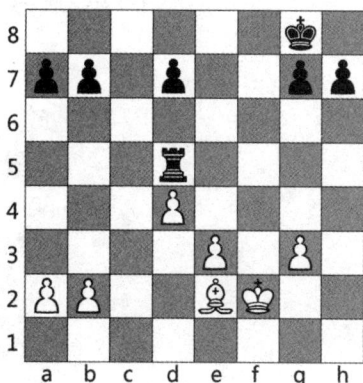

No.3（白先）

1. Rf8　g6

白方子力劣势，黑王暴露在f线，白方牵制黑方后获得子力优势。

2. Rf5+　……

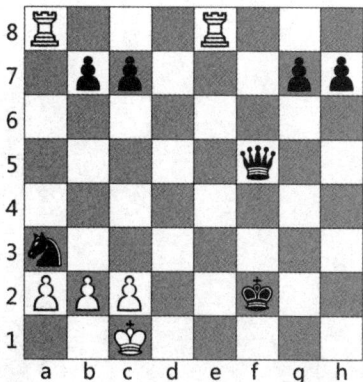

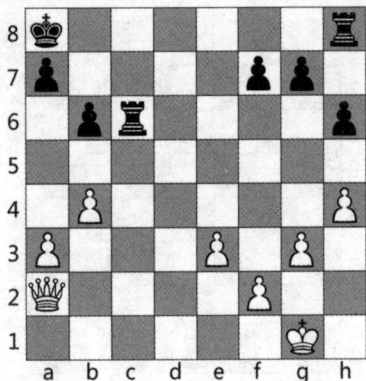

No.4（白先）

1. Qd5   Kb7

白后调整位置，寻找最佳攻击位置，黑车无法移动，白方配合兵的进攻，获得子力优势。

2. b5+   ……

课堂练习题：白方先行，完成牵制。

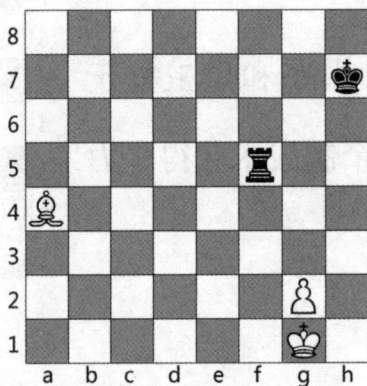

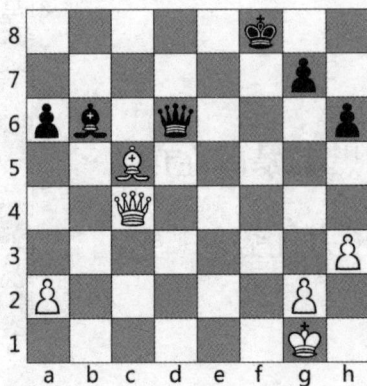

第4讲　消除保护

消除保护是指用强制的手段，把对方某一棋子的保护子消灭的战术。这类战术常常具有很强的隐蔽性，常在攻王或制造长将局面时使用。有时也出现在兑子之时。消除保护需要做好准确计算，多个棋子相互配合，从而获得子力优势或者将杀。

请看下列局面：

No.1（白先）

1. Rh7　Kh7

显而易见，白车攻击黑象，消除了黑车的保护，通过强制的招法，获得子力优势甚至获胜。

2. Kf5+　……

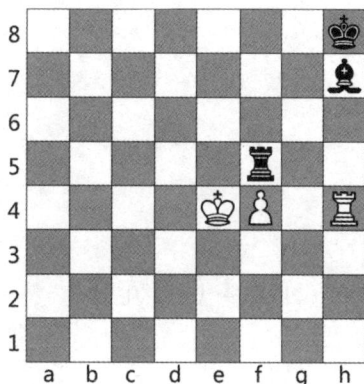

No.2（白先）

1. Qf8　Kf8

这是个消除保护之后杀王的典型局面，黑方底线出现问题，白方可以通过弃子的方式，强制获胜。

2. Rd8#

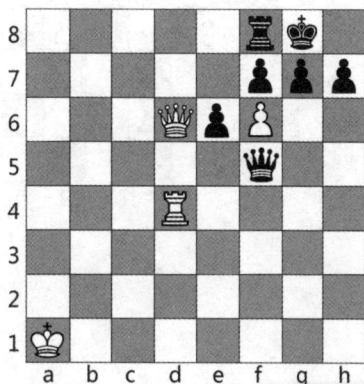

No.3（白先）

1. Re4　Re4

白方用车来攻击黑马，消除黑方中心马。白后走到g5格，白方马配合后进行攻杀。

2. Qg5　g6

威胁g7和Bf7将杀。

3 .Qf6　……

下一回合白象f7，即可象后配合完成将杀。

No.4（白先）

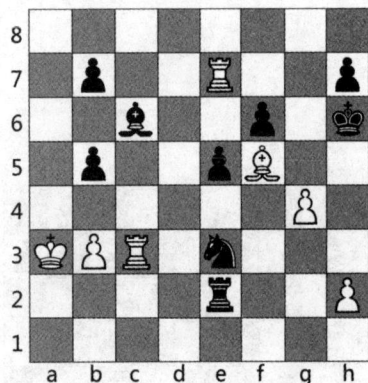

1. Re3　Re3

白方用车换马，消除马的保护，再利用小兵来封锁控制黑王活动范围，形成绝杀。

2. h4　……

下一回合Rh7# 。

课堂练习题：白方先走，消除保护。

第十课
国际象棋常见开局

国际象棋开局至关重要，开局的出子顺序和排兵布阵是否得当，会影响整个棋局走势。我们学习开局时，不仅要记住普招，还要研究和分析每一步的走法和作用，开局有不少棋谱定式，有的来自大师多年的总结研究，有的来自比赛的实战对局经验。本课会选用常见的开局作为教学内容，讲解基础的变化、经典大师的开局，以及一些棋理和方法。除了常规开局讲解，还增加世界经典对局欣赏，通过实战对局，潜移默化地加强对开局的理解。

第1讲　国际象棋开局分类

国际象棋开局大致分为三大类：开放性、半开放性和封闭性开局。我们需要大体做一个了解，但不要拘泥于某个具体开局体系的制约。有时，开放性开局也可以通过某些变着转化为封闭式开局，所以，要求棋手在了解开局基本知识的基础上，不断完善自己的开局策略。

开放性开局（双王前兵开局）

此开局以e4　e5开始。双方王前兵的挺进，更容易引起激烈

的中心争夺局面，造成中心区域的开放。此类开局的出子过程较快，双方子力交手比较直接，故被喜欢开放性局面的棋手所钟爱。常见的开放性开局有：意大利开局、西班牙开局、俄罗斯防御、飞象开局等。

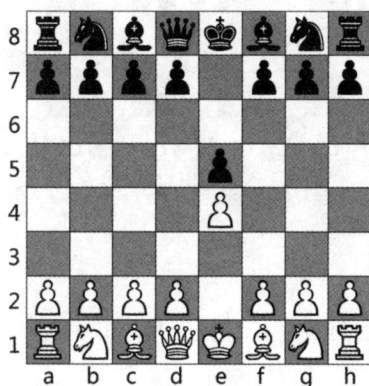

半开放性开局（单王前兵开局）

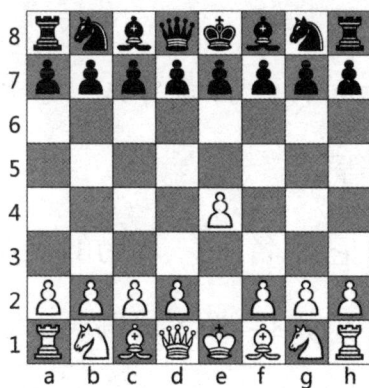

白方以e4开始，黑方应以e5之外开局。此类开局的演变介于开放性开局和封闭式开局之间，不对称兵形是最为显著的特点。常见的半开放性开局有：西西里防御、卡罗康防御、阿廖

欣防御、尼姆佐维奇防御等。

封闭式开局（双后前兵开局）

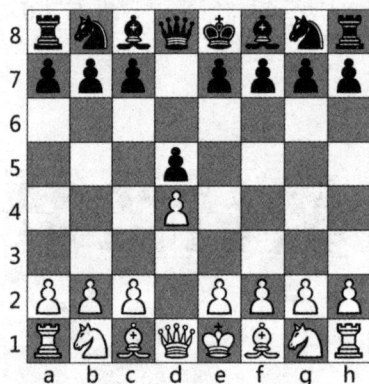

此开局以d4　d5开始。白方后前兵开局，与开放性开局不同，其最初的争斗并不急于把矛头指向王翼。与开局的名称相符，封闭式开局比较容易封锁中心区域，因此比较适合封闭性局面形棋手。

常见的封闭性开局有：后翼弃兵、新印度防御、尼姆佐维奇防御、古印度防御等。

每一个开局都有它的名字，开局的名称或者以著名选手命名（如阿廖欣防御、尼姆佐维奇防御等），也有以最初进行了系统研究的国家和城市来命名的开局（如苏格兰开局、维也纳防御等）。

我们需要注意的是，每个开局都有主要变化，也有分支变化，作为初学者，我们首要任务是学习主要变化，根据自身

的特点和布局选择适合的开局，再去研究和加工分支变化。总体而言，开局的核心在于强调每个棋子的灵活性、子力的调动和计划性。开局的基础原则是：快速出子，占领中心，王车易位。要知道开局是为后续中局做准备，棋手要努力去争夺中心格和保持主动权，以阻止对手实现积极的计划。

第2讲　意大利开局

意大利开局（Italian Opening）在18世纪形成，曾经是世界上最流行的布局体系之一。因为它的开局原理简单，双方争夺中心意图明确，因此非常适合初学者学习。

1. e4　e5

2. Nf3　Nc6

3. Bc4　Bc5

上图形成意大利标准局面，双方按照开局原理，快速出子，用马控制中心，白马控制d4和e5格，黑马控制d4格。当下局面白方有多种选择：c3（现代变例）；d3（古典变例）；0-0；b4（伊文思弃兵）。

4. c3　Nf6

　　上图这个变化近年来非常流行，一些大型比赛中经常出现。白方的思路是通过兵来加强中心，择机冲d4兵，形成强大的中心兵结构。黑方的思路是通过d7、d6调整黑方白格象的位置，进一步调整子力。

　　5. d4　ed4

　　如上图，此时白方也可以选择d3，这个变化相对稳定，它的思路是快速完成易位，双方争夺后翼空间以及中心反击。黑方如果5.……　Bb6？，那么就是错误的，因为跑象的话，白方

进一步扩大中心优势，下一步白方有de5，威胁Qd5的计划。

6. e5   d5

如上图，白方选择冲兵是进攻的变着，这一步可以给黑方制造更多麻烦，黑方此时不能走马，如果黑方Ne4？，则白方会Bd5！。如果黑马选择Ng4？，白方cd4后有中心优势。此时黑方正确选择是d5中心反击。

7. Bb5   Ne4

如上图，这个局面非常激烈，双方都去争夺中心点，白方

的意图是牵制黑方的马，控制黑方的棋子活跃度。黑方的计划是快速易位，将来象走到g4去攻击白马。

8.cd4　Bb4

黑方如果选择8.……　Bb6？，局面会陷入被动，黑方子力位置不佳，白方局面前景较好。

如上图，白方之后可以选择Bd2或Nbd2两个变着，Nbd2这个变化对于白方而言，防守型更强，因此不推荐。

9.Bd2　Nd2

如上图，黑方选择用马换象，是当下流行的变化，通过交

换子力，简化局面，黑方的目的是完成快速出子，白方c6象牵制黑马，白方局面稍好。

10. Nbd2　0-0

如上图，白方之后有2个流行的选择：一个是0-0，快速易位是个平稳的选择；另一个是Bc6，用象交换马，让黑方兵型出现叠兵，叠兵是国际象棋的一种兵型结构，这类兵型到了中局和残局往往不利。但是黑方有双象优势，有一定补偿。

11. 0-0　Ne7

如上图，黑方选择Ne7是防止黑方出现叠兵，白方可以通过

冲a线兵松驰后翼空间。

12.a3　Ba5

如上图，白方冲兵，计划在后翼发展空间，白方出子速度稍快，黑方需要解决两个象的通路问题。

13. b4　Bb6

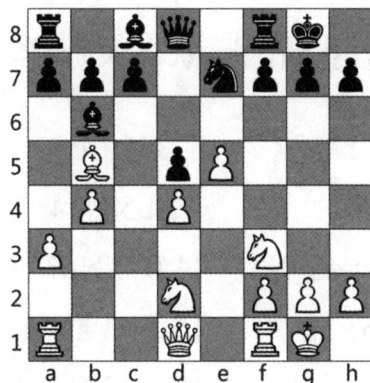

如上图，白方计划Nb3，占领c5强格，或者Rc1占领半开放线，白方局面稍好。

14. Nb3　Bg4

15. h3　……

如上图，局面至此，开局基本结束，双方你争我夺，黑象牵制白马，黑方择机a5反击或者Ng6调整子力。从整体看，白方局面稍好。

大师对局欣赏

Mamedov,Rauf (2654) - Moroni,Luca Jr (2491)

2020.04.11对弈于欧洲国际象棋大师赛。

1.e4 e5	2.Nf3 Nc6	3.Bc4 Bc5	4.c3 Nf6
5.d4 exd4	6.e5 d5	7.Bb5 Ne4	8.cxd4 Bb4+
9.Bd2 Nxd2	10.Nbxd2 0-0	11.0-0 Ne7	12.a3 Ba5
13.b4 Bb6	14.Nb3 a5	15.Bd3 axb4	16.axb4 Rxa1
17.Qxa1 Bg4	18.Ne1 Qd7	19.Nc2 Bf5	20.Bxf5 Qxf5
21.Ne3 Qd3	22.Qb1 Qxb1	23.Rxb1 Ra8	24.Nc5 c6
25.Kf1 Ra7	26.Ke2 Ng6	27.g3 Nf8	28.b5 Bxc5
29.dxc5 Ra5	30.bxc6 bxc6	31.Nf5 g6	32.Ne7+ Kg7
33.Nxc6 Rxc5	34.Nd4 Rc4	35.Kd3 Nd7	36.f4 Nc5+
37.Ke3 Rc3+	38.Ke2 Rc4	39.Ke3 Rc3+	40.Ke2 Rc4和棋

第3讲　西班牙开局

西班牙开局是一个具有悠久历史的开放性开局，由西班牙人露萨纳研究发明。这个开局战略思想是白方从进象b5开始，围绕争夺e5兵，使自己的子力逐步展开，占领有利位置以待进攻；而黑方则准备进兵d5反攻中心，如d线打开则兑去重子以达均势，如中心被封闭，则黑方可采取在王翼防守、在后翼进攻的方法来与白方抗衡。西班牙开局无论是业余比赛还是世界比赛出现的频率都很高，它是白方开局的一个重要战术。相比意大利、双马、苏格兰开局的白象走到c4不同，Bb5更柔和、更稳健，也更复杂，也是最有生命力基础开局，可以从初级一直用到大师级。

1.e4　e5

2.Nf3　Nc6

3.Bb5　……

如上图，这里的走法就可以称为西班牙开局，当下局面黑

方有多种选择：a6（奇戈林变例）；Nf6（柏林体系）；d6（斯坦尼兹变例）等。奇戈林变例最为流行，双方的变化复杂多变，各有机会。

3. …… a6

如上图，白象不会主动交换马。通常情况下，象更灵活，国际象棋有双象优势的说法。如果4.Bc6 dc6 5.Ne5 Qd4，则黑方局面不错。

4. Ba4 Nf6

如上图，黑方出马控制中心，同时加快王车易位的速度，白方争夺中心，寻找机会实施c3-d4的计划。

5. 0-0　Be7

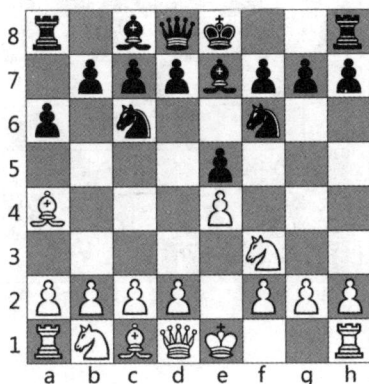

如上图，黑象不能走Bc5，白方可走c3！，将来计划白兵走d4连续攻击黑方中心，白方优势较大。

6. Re1　b5

如上图，黑方走b5非常及时，因为白方下一步威胁Bc5，然后实施Ne5的计划。

7. Bb3   0-0

8. c3   d6

如上图，这里d6是非常稳健的主流变着，如果黑方这里走d5，形成著名的马歇尔弃兵。此弃兵意在加快出子速度并获得反击机会，由美国棋手马歇尔在与古巴棋手卡帕布兰卡进行对抗赛时首创。经现代计算机研究，马歇尔弃兵可使白方获得优势局面。

9. h3   Na5

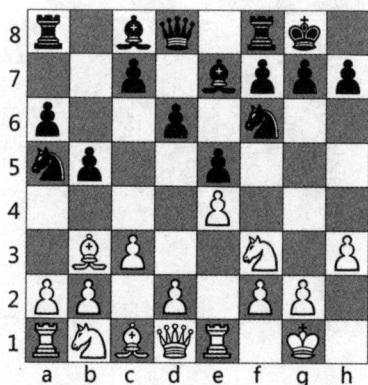

如上图，黑方腾开c6马，威胁交换白方b3象，同时也为了挺起c5兵控制中心。这里要特别注意，白方要保留白格象，白格象是进攻黑方王翼的有生力量。

10. Bc2　c5

11. d4　Qc7

如上图，这里也可以选择走Nd7，黑方可走Nb6应对，黑方有可能择机打开f线兵，寻找机会攻击白方王翼。Qc7这个变着非常流行，经久不衰，黑方将后放在c线，针对性地交换c兵，使黑后在 c 线给白方造成威胁。

12. Nbd2　cxd4

13. cxd4　Nc6

如上图，这里黑方还可以选择：Bb7（黑方此变着的计划是Rc8通过开放线进行反击）；Rd8（这个变着黑方可择

机走d5反击中心）。

Nc6变着更为稳健，黑方将来可走Nb4，调整c8象以后，可实施Rc8抢占开放性的计划。白方此时可以选择Nf1，把白马调整到g3格，组织子力，寻找机会攻击黑方王城。而后局面大致均等，后续棋手更多较量是在中局和残局。

大师对局欣赏

Wei,Yi (2721) - Yu,Yangyi (2763)

2019年9月17日对弈于汉特-曼西斯克国际棋联世界杯赛。

1.e4 e5	2.Nf3 Nc6	3.Bb5 a6	4.Ba4 Nf6
5.0-0 Be7	6.Re1 b5	7.Bb3 d6	8.c3 0-0
9.h3 Na5	10.Bc2 c5	11.d4 Qc7	12.Nbd2 cxd4
13.cxd4 Nc6	14.Nb3 a5	15.Be3 a4	16.Nbd2 Bd7
17.a3 Rfc8	18.Bd3 Qb7	19.dxe5 Nxe5	20.Nxe5 dxe5
21.Nf3 Bc6	22.Nxe5 Bxe4	23.Bxe4 Nxe4	24.Qf3 Nd6
25.Qxb7 Nxb7	26.Rad1 Na5	27.Rd5 b4	28.axb4 Bxb4
29.Red1 f6	30.Rb5 Rab8 和棋		

第4讲　西西里防御

西西里防御历史悠久，是世界上非常流行的开局。20世纪超现代派棋手的大规模应用，使其在50年代已成为棋手们最喜欢的开局，据国际比赛数据库统计，黑方应用西西里防御的对局约占40%，西西里防御已经成为了黑方在王兵开局中最流行的方案。它属于半开放性开局，是黑方主动做出改变所形成的布局，属于黑方的一种反制下法，计划是以通过用c线兵与白方d线兵兑换来获得中心多兵。

在西西里防御中，双方直接在中心区域发起战斗，因此也是最复杂的国际象棋开局之一。由于局面不平衡，导致战斗非常激烈，西西里防御对对弈双方的精确度要求比较高。在走此开局时，双方需要计算精确，有时仅是走子顺序的颠倒，都有可能导致局面的劣势，甚至输棋。

1. e4　c5

如右图，是标准的西西里防御。白方走e4半开放中心使得己方的子力活动空间增大，所以在西西里防御中，白方是用子力控制中心，而黑方是用兵。此时，白方多个选择：Nf3（主流体系）；d4（史密斯-莫拉弃兵）这个变

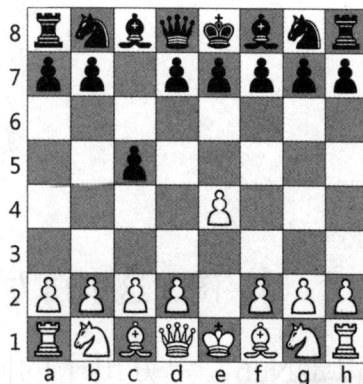

化使白方有一定风险，使用并不多；Nc3（西西里封闭体系）等。

    2. Nf3   d6

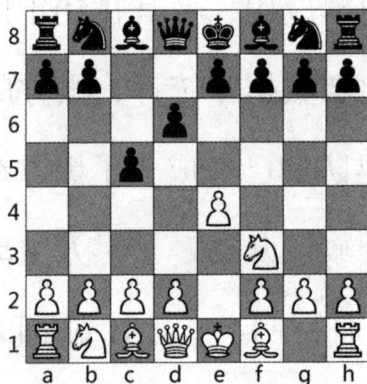

如上图，黑方缓慢推进d线兵，也要给2个象找到合适的位置。

    3. d4   cxd4

    4. Nxd4   Nf6

如上图，这里白方要选择走Nd4，如果选择走Qd4，黑方可以走Nc6，黑方出子的同时，还攻击白方后，通常情况下，开局

要避免过早出动后。

5. Nc3　　e6

如上图，这里形成了著名的舍维宁根变例，黑方d线兵和e线兵非常坚固，它没有试图去占领中心，而是缓慢调整棋子，并用黑马攻击e4兵，这是很多大师级别选手喜欢的布局，后期反击能力非常强。

这里的白方有很多变化选择：Bc4（费舍尔攻击体系）；Be2（马洛齐变例）；g4（凯列斯进攻）；f4（塔尔变例）。其中，Bc4费舍尔攻击体系最为有名。鲍比·费舍尔（Bobby Fischer），是美国国际象棋攻击型棋手，国际象棋世界冠军。他是个国际象棋天才，曾击败俄罗斯对手登上世界棋王宝座，对这个体系研究颇深。

6. Bc4　　Be7

如上图，白方试图控制住d5格，计划快速易位，然后冲起f线兵进攻。黑方会根据白方的变化，选择不同的防御方法。

7. Bb3　0-0

8. Be3　Nc6

如上图，这里黑方需要谨慎地出子，选择走Nc6，将来计划走Na5去攻击白方b3象。如果黑方走Nbd7的话，白方可以选择在Be6 fe6后走Ne6，白方弃子有一定补偿。

9. 0-0　a6

如上图，黑方a6挺兵是为了后翼反击，扩大空间，同时找机会走Na5，d5反击中心。这里白方需要制订清晰计划，f线反击或者通过a4阻止黑方反击的手段。

10. f4   Nd4

如上图，黑方交换中心马，简化局面，将来计划后翼反击和挺进中心兵。这个局面需要谨慎处理，白方不能走Qd4？，因为黑方可以走Ng4来反击，黑马攻击白象，快速调整子力。

11. Bd4   b5

如上图，黑方接下来的计划是b4，然后用f6马攻击e4兵，但是这里轮到白方走，白方这里有多种攻击手段，比如f5或e5。

12.e5　de5

如上图，白方e5进攻方法积极有效，或者黑方Ne8？。接下来白方Ne4助攻调整棋子位置，白方较好。黑方正确的计划还是de5简化中心，黑方能获得大致均等的局面。

13.fe5　Nd7

14.Ne4　　Bb7

　　如上图，局面至此，双方都完成了开局出子，白方棋子位置稍好，黑方需要解决黑格象的出路。白方进攻的点是黑方王翼，黑方的目标是中心和后翼反击。开局大致结束。

大师对局欣赏

Ivanchuk,Vassily (2769) - Wang,Hao (2742) [B88]

2021年10月3日对弈于英国伦敦国际棋联大奖赛。

1.e4 e5	2.Nf3 d6	3.d4 cxd4	4.Nxd4 Nf6
5.Nc3 a6	6.Bc4 e6	7.0-0 Nc6	8.Bb3 Be7
9.f4 0-0	10.Be3 Nxd4	11.Bxd4 b5	12.e5 dxe5
13.fxe5 Nd7	14.Ne4 Bb7	15.Nd6 Bxd6	16.exd6 Qg5
17.Rf2 Bd5	18.Bc3 Bxb3	19.axb3 Qc5	20.Qg4 g6
21.Rd1 Rae8	22.Qf3 e5	23.Qb7 Qc8	24.Qc7 f5
25.Ra1 f4	26.Re2 g5	27.Rae1 Re6	28.Bxe5 Qe8
29.Qc3 Qg6	30.Bh8 Rxd6	31.Re7 Rf7	32.Bd4 g4

33.Qc8+ Rf8　　34.Qc3 Rf7　　35.Rxf7 Kxf7　　36.Qc8 Rxd4

37.Qe8+ Kg7　　38.Qe7+ Qf7　　39.Qg5+ 和棋

第5讲　后翼弃兵开局

后翼弃兵是最古老的开局方式之一，也是世界上著名的开局体系。它是一种国际象棋的封闭性开局方式，走法为1.d4 d5，2.c4 ……。其中的d4 d5即为封闭性开局，之后白方应c4即为后翼弃兵，由于c4后翼的兵可能会被吃子，因此得名。白方下c4，试图用后翼的c线兵来交换中央的黑方d线的兵，用e线兵来支配棋盘的中心。后翼弃兵的目的是要控制棋盘中心的安全。著名理论大师斯坦尼茨及塔拉什开始研究国际象棋理论时，后翼弃兵开始受到欢迎，1927年国际象棋世界冠军赛中由何塞·劳尔·卡帕布兰卡及亚历山大·阿廖欣对弈的34场棋局中，只有2场未使用后翼弃兵开局。后来由于黑方较常使用印度防御开局，不用双后前兵开局的方式开局，因此后翼弃兵的使用率下降。不过后翼弃兵还是许多国际象棋特级大师开局策略中重要的一部分。

后翼弃兵主要分为两种：接受弃兵（1.d4 d5 2.c4 dc4）和拒绝弃兵（1.d4 d5 2.c4 ……）。现代理论研究发现，接受弃兵会给白方带来优势，现代国际象棋更多的是选择拒绝弃兵，下面我们来学习下后翼弃兵中的正统防御布局。

1. d4　 d5

2. c4　 e6

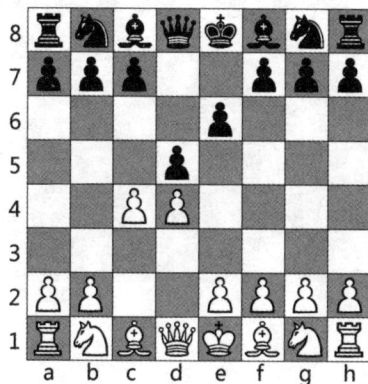

如上图，形成后翼弃兵正统防御，这个布局认为黑方反击能力较强，是比较稳健且结构简单的布局系统。

3. Nc3　 Nf6

如上图，白方用跳马来控制中心，争夺d5格，将来计划Qa5或Qb3等。黑方要注意两个象的位置，快速出子，让子力协调。

4. Bg5   Be7

如上图，白方Bg5的牵制走法思路明确，可进一步加强对d5格的控制，黑方需要谨慎地处理d5兵。

5. e3   0-0

6. Nf3   Nbd7

如上图，白方强调快速出子，两个马占领中心，黑方这里有两个变着：h6或Nbd7，但是一般认为h6不太好，会削弱王翼兵型。Nbd7变着在出子的同时还兼顾后翼反击。

7. Rc1   c6

如上图，白方Rc1这一步意义深远，计划是占领半开放线，同时白方有打开中心以及组织子力进攻王翼的计划。黑方c6是进一步加强中心d5格，形成黑方三角形兵型。

8. Bd3   dc4

如上图，黑方选择dc4，是主动地交换子力，黑方计划后翼或者中心反击，寻找突破点。

9. Bc4　Nd5

如上图，局面至此，白方出子较快，黑方Nd5是意图交换棋子，缓解黑方其他棋子拥堵的状况。

10. Be7　Qe7

11. 0-0　Nc3

如上图，这里白方不建议走e4，会一定程度削弱中心兵型，黑方将来e5或c5反击，白方要先0-0，调整好全部子力，再去进攻。

12. Rc3   e5

如上图，这里白方如果选择bc3则不利，黑方Qa3长驱直入白方后翼空间，另外还有c5的反击等。

13. de5   Ne5

14. Ne5   Qe5

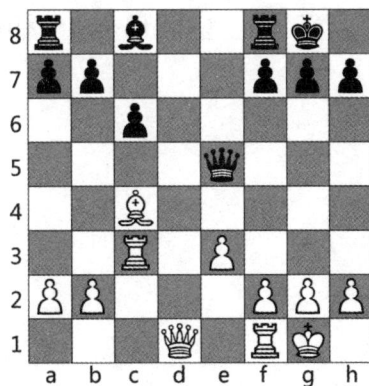

如上图，局面至此，开局基本结束，白方可以选择Qb3或f4进攻的方案，黑方后翼多兵，需要解决黑方白格象的路线，局势大致均等。

大师对局欣赏

Timofeev,Artyom (2602) - Nozdrachev,Vladislav (2489)

2019年6月6日对弈于第41届尼兹米塔迪诺夫纪念赛。

1.d4 Nf6	2.c4 e6	3.Nc3 d5	4.Bg5 Be7
5.e3 0-0	6.Rc1 c6	7.Bd3 Nbd7	8.Nf3 dxc4
9.Bxc4 Nd5	10.Bxe7 Qxe7	11.0-0 Nxc3	12.Rxc3 e5
13.d5 e4	14.d6 Qf6	15.Nd2 Qxd6	16.Nxe4 Qe7
17.Nd6 Ne5	18.Nxc8 Raxc8	19.Be2 Rcd8	20.Qc2 Rd6
21.Rd1 Rfd8	22.Rxd6 Rxd6	23.f4 Nd7	24.Rd3 g6
25.Bf3 Rxd3	26.Qxd3 Nc5	27.Qd4 Ne6	28.Qd2 Qc5
29.b4 Qc4	30.h3 Kf8	31.Be2 Qd5	32.Qxd5 cxd5
33.Bf3 Nc7	34.Kf2 Ke7	35.Ke2 Kd6	36.Kd3 Ne6
37.g3 f6	38.e4 Nc7	39.h4 b6	40.exd5 Nxd5
41.a3 f5	42.Bd1 Nf6	43.Bf3 Nh5 和棋	

等级晋升规则及对弈好习惯

等级晋升规则

国际象棋比赛类型众多，棋手只有参加比赛才能获得对应的名称和称号。比赛类型可以分为以下几类：中国国际象棋协会棋士等级赛、国际象棋运动员等级赛、国际棋联等级分称号比赛。

1.中国国际象棋协会棋士等级赛

这是中国国际象棋协会认可的全国通用称号，由高到低：棋协大师—候补棋协大师——级棋士—二级棋士—三级棋士—四级棋士—五级棋士—六级棋士—七级棋士—八级棋士—九级棋士—十级棋士—十一级棋士—十二级棋士—十三级棋士—十四级棋士—十五级棋士，棋手可以通过参赛一级级考取全国棋协大师称号。通常棋协大师、候补棋协大师只有中国国际象棋协会有权授予，是国际象棋业余级最高的两个等级。

2.国际象棋运动员等级赛

这是国家体育总局认可的所有体育项目通用称号，由高到低：国际级运动健将—运动健将—1级运动员—2级运动员—3级

运动员。这类比赛通常难度较大，需要深厚的国际象棋实力。

3.国际棋联等级分称号比赛

这是国际棋联FIDE国际通用称号，由高到低：国际特级大师（Grand Master，GM）—国际大师（International Master，IM）—国际棋联大师（FIDE Master，FM），这类比赛通常计算等级分。其中FIDE（Féderation Internationale d'Échecs）是国际棋联的缩写。FIDE等级分，就是国际通用的国际象棋等级分，只能通过参加FIDE组织的线下比赛获得。在这个体系下，棋手根据分数排名，高分的选手通常会被国际棋联组织邀请参加高额奖金赛事。国际棋联等级分称号比赛通常面向职业运动员，难度最大。

除此之外，世界上还有一些传统经典大赛。比如多特蒙德国际象棋超级大赛是国际象棋传统顶尖赛事，始于1973年，在德国多特蒙德举行，与荷兰维克安泽国际象棋超级大赛、西班牙利纳雷斯国际象棋超级大赛并称为国际象棋的三大超级赛事。这三大赛事是仅次于国际象棋世界冠军赛的最有影响力的比赛。多特蒙德国际象棋超级大赛每年举行一届。

国际象棋比赛遍布世界各地，当你获得国际象棋棋手身份后，外出旅行的同时，还可以享受比赛的美好和乐趣。

对弈好习惯

无论你是一个国际象棋初学者，还是已经学习了多年的资深棋手，都可以通过一些高质量的国际象棋技巧来帮助自己继续提高水平。优秀的棋手通常会养成良好的下棋习惯，正是这些习惯让他们不断进步，学习这些习惯可以帮助我们积累经验和提升水平。

①对局前检查初始局面是否摆放正确，特别要注意黑白双方是否摆反，王和后的位置是否摆反等。

②在下棋开始和结束时，和对方握手，每一盘棋都是一次学习的机会。

③根据比赛规则，要用一只手走棋，不走棋不摸棋子。确认对方走了棋才能继续走下一步。手离开棋子后，不能更改棋子的位置。

④如果不小心碰倒棋子或摆歪棋子，需要先说"摆棋"或"摆正"，之后才可以碰棋子。

⑤下棋时不要和对手交谈，不要干扰对手，不要东张西望，这体现了对对手的尊重。

⑥对弈时要先观察对手着法的威胁，然后再考虑自己的行动。

⑦对弈中每一步都要仔细思考，并且保持谨慎的态度。

⑧对弈中除非有绝对把握，否则不建议任何冒险走法。

⑨对弈中自己要注意慢慢积累微小优势。

⑩对弈中高手会避免走出对对手有利的棋。

⑪对弈中处境糟糕时，我们要学会顽强地防守。

⑫离开赛场前，要把棋盘恢复到初始局面，为接下来比赛的选手提供方便。

⑬高手关注的是比赛的质量，而不是结果。

⑭高手下完每一盘对局后都会认真复盘，总结不足，查缺补漏。